MW01090056

《世紀前百大文學系列作品》

Romance of the Three Kingdoms Vol 4

羅貫中 著

ISBN-13:978-1548906375

ISBN-10:1548906379

羅貫中

簡介

《三國演義》

全名為《三國志通俗演義》，又稱作《三國志傳》、《三國全傳》、《三國英雄志傳》，是中國第一部長篇歷史章回小說。作者一般被認為是元末明初的羅貫中。虛實結合，曲盡其妙，是四大名著中唯一根據歷史事實改編之小說。明末清初文學家、戲曲家李漁有言曰："演義一書之奇，足以使學士讀之而快，委巷不學之人讀之而亦快；英雄豪傑讀之而快，凡夫俗子讀之而亦快。

《目錄》
～世紀前百大文學系列作品～

第七十一回　占對山黃忠逸待勞　據漢水趙雲寡勝眾 6

第七十二回　諸葛亮智取漢中　曹阿瞞兵退斜谷 19

第七十三回　玄德進位漢中王　雲長攻拔襄陽郡 29

第七十四回　龐令明擡櫬決死戰　關雲長放水淹七軍 41

第七十五回　關雲長刮骨療毒　呂子明白衣渡江 52

第七十六回　徐公明大戰沔水　關雲長敗走麥城 62

第七十七回　玉泉山關公顯聖　洛陽城曹操感神 74

第七十八回　治風疾神醫身死　傳遺命奸雄數終 86

第七十九回　兄逼弟曹植賦詩　姪陷叔劉封伏法 97

第八十回　曹丕廢帝篡炎劉　漢王正位續大統 108

第八十一回　急兄讎張飛遇害　雪弟恨先主興兵 120

第八十二回　孫權降魏受九錫　先主征吳賞六軍 130

第八十三回　戰猇亭先主得讎人　守江口書生拜大將 141

第八十四回　陸遜營燒七百里　孔明巧布八陣圖 155

第八十五回　劉先主遺詔託孤兒　諸葛亮安居平五路 168

第八十六回　難張溫秦宓逞天辯　破曹丕徐盛用火攻 182

第八十七回　征南寇丞相大興師　抗天兵蠻王初受執 195

第八十八回　渡瀘水再縛番王　識詐降三擒孟獲 209

第八十九回　武鄉侯四番用計　南蠻王五次遭擒 221

第九十回　驅巨獸六破蠻兵　燒藤甲七擒孟獲 235

第九十一回　祭瀘水漢相班師　伐中原武侯上表 251

第九十二回　趙子龍力斬五將　諸葛亮智取三城 265

第九十三回　姜伯約歸降孔明　武鄉侯罵死王朗 277

第九十四回　諸葛亮乘雪破羌兵　司馬懿尅日擒孟達 290

第七十一回　占對山黃忠逸待勞　據漢水趙雲寡勝眾

却說孔明分付黃忠：「你既要去，吾敎法正助你。凡事計議而行。吾隨後撥人馬來接應。」黃忠應允，和法正領本部兵去了。孔明告玄德曰：「此老將不着言語激他，雖去不能成功。他今既去，須撥人馬前去接應。」乃喚趙雲：「將一枝人馬，從小路出奇兵接應黃忠：若忠勝，不必出戰；倘忠有失，即去救應。」又遣劉封、孟達：「領三千兵於山中險要去處，多立旌旗，以壯我兵之聲勢，令敵人驚疑。」三人各自領兵去了。又差人往下辦，授計與馬超，令他如此而行。又差嚴顏往巴西閬中守隘，替張飛、魏延來同取漢中。

却說張郃與夏侯尚來見夏侯淵，說：「天蕩山已失，折了夏侯德、韓浩。今聞劉備親自領兵來取漢中，可速奏魏王，早發精兵猛將，前來策應。」夏侯淵便差人報知曹

洪。洪星夜前到許昌，稟知曹操。操大驚，急聚文武，商
議發兵救漢中。長史劉曄進曰：「漢中若失，中原震動。
大王休辭勞苦，必須親自征討。」操自悔曰：「恨當時不
用卿言，以致如此！」忙傳令旨，起兵四十萬親征。時建
安二十三年秋七月也。曹操兵分三路而進：前部先鋒夏侯
惇，操自領中軍，使曹休押後，三軍陸續起行。操騎白馬
金鞍，玉帶錦衣。武士手執大紅羅銷金傘蓋。左右金瓜銀
鉞，鐙棒戈矛，打日月龍鳳旌旗。護駕龍虎官軍二萬五千，
分為五隊：每隊五千，按青、黃、赤、白、黑五色，旗幡
甲馬，並依本色：光輝燦爛，極其雄壯。

兵出潼關，操在馬上望見一簇林木，極其茂盛，問近
侍曰：「此何處也？」答曰：「此名藍田。林木之間，乃
蔡邕莊也。今邕女蔡琰，與其夫董紀居此。」原來操素與
蔡邕相善。先時其女蔡琰，乃衛道玠之妻；後被北方擄去，
於北地生二子，作《胡笳十八拍》，流入中原。操深憐之，
使人持千金入北方贖之。左賢王懼操之勢，送蔡琰還漢。
操乃以琰配與董紀為妻。當日到莊前，因想起蔡邕之事，
令軍馬先行，操引近侍百餘騎，到莊門下馬。時董紀出仕
於外，止有蔡琰在家，琰聞操至，忙出迎接。操至堂，琰

起居畢，侍立於側。操偶見壁間懸一碑文圖軸，起身觀之。問於蔡琰，琰答曰：「此乃曹娥之碑也：昔和帝時，上虞有一巫者，名曹盱，能娑婆樂神；五月五日，醉舞舟中，墮江而死。其女年十四歲，遶江啼哭七晝夜，跳入波中；後五日，負父之屍浮於江面；里人葬之江邊。上虞令度尚奏聞朝廷，表為孝女。度尚令邯鄲淳作文鐫碑以記其事。時邯鄲淳年方十三歲，文不加點，一揮而就，立石墓側，時人奇之。妾父蔡邕聞而往觀，時日已暮，乃於暗中以手摸碑文而讀之，索筆大書八字於其背。後人鐫石，并鐫此八字。」操讀八字云：「黃絹幼婦，外孫齏臼。」操問琰曰：「汝解此意否？」琰曰：「雖先人遺筆，妾實不解其意。」操回顧眾謀士曰：「汝等解否？」眾皆不能答。於內一人出曰：「某已解其意。」操視之，乃主簿楊修也。操曰：「卿且勿言，容吾思之。」遂辭了蔡琰，引眾出莊。上馬行三里，忽省悟，笑謂修曰：「卿試言之。」修曰：「此隱語耳。『黃絹』乃顏色之絲也：色傍加絲，是『絕』字。『幼婦』者，少女也：女傍少字，是『妙』字。『外孫』乃女之子也：女傍子字，是『好』字。『齏臼』乃受五辛之器也：受傍辛字，『辤』字。總而言之，是『絕妙好辤』四字。」操大驚曰：「正合孤意！」眾皆歎羨楊修

才識之敏。

不一日，軍至南鄭。曹洪接着，備言張郃之事。操曰：「非郃之罪：勝負乃兵家常事耳。」洪曰：「目今劉備使黃忠攻打定軍山，夏侯淵知大王兵至，固守未曾出戰。」操曰：「若不出戰，是示懦也。」便差人持節到定軍山，教夏侯淵進兵。劉曄諫曰：「淵性太剛，恐中奸計。」操乃作手書與之。使命持節到淵營，淵接入。使者出書，淵拆視之。略曰：

　　凡為將者，當以剛柔相濟，不可徒恃其勇。若但任勇，則是一夫之敵耳。吾今屯大軍於南鄭，欲觀卿之『妙才』，勿辱二字可也。

夏侯淵覽畢大喜，打發使命回訖，乃與張郃商議曰：「今魏王率大兵屯於南鄭，以討劉備。吾與汝久守此地，豈能建立功業？來日吾出戰，務要生擒黃忠。」張郃曰：「黃忠謀勇兼備，況有法正相助，不可輕敵。此間山路險峻，只宜堅守。」淵曰：「若他人建了功勞，吾與汝有何面目見魏王耶？汝只守山，吾去出戰。」遂下令曰：「誰敢出

哨誘敵?」夏侯尚曰:「吾願往。」淵曰:「汝去出哨,
與黃忠交戰,只宜輸,不宜贏。吾有妙計,如此如此。」
尚受令,引三千軍離定軍山大寨前行。

　　却說黃忠與法正引兵屯於定軍山口,累次挑戰,夏侯
淵堅守不出;欲要進攻,又恐山路危險,難以料敵,只得
據守。是日,忽報山上曹兵下來搦戰。黃忠恰待引軍出迎,
牙將陳式曰:「將軍休動,某願當之。」忠大喜,遂令陳
式引軍一千,出山口列陣。夏侯尚兵至,遂與交鋒。不數
合,尚詐敗而走。式趕去,行到半路,被兩山上擂木礮石,
打將下來,不能前進。正欲回時,背後夏侯淵引兵突出,
陳式不能抵當,被夏侯淵生擒回寨。部卒多降。有敗軍逃
得性命,回報黃忠,說陳式被擒。忠慌與法正商議,正曰:
「淵為人輕躁,恃勇少謀。可激勸士卒,拔寨前進,步步
為營,誘淵來戰而擒之:此乃『反客為主』之法。」忠用
其謀,將應有之物,盡賞三軍,歡聲滿谷,願効死戰。黃
忠即日拔寨而進·步步為營;每營住數日,又進。淵聞知,
欲出戰。張郃曰:「此乃『反客為主』之計,不可出戰,
戰則有失。」淵不從,令夏侯尚引數千兵出戰,直到黃忠
寨前。忠上馬提刀出迎,與夏侯尚交馬,只一合,生擒夏

世紀前百大文學系列作品

侯尚歸寨。餘皆敗走，回報夏侯淵。淵急使人到黃忠寨，言願將陳式來換夏侯尚。忠約定來日陣前相換。次日，兩軍皆到山谷闊處，布成陣勢。黃忠、夏侯淵各立馬於本陣門旗之下。黃忠帶着夏侯尚，夏侯淵帶着陳式，各不與袍鎧，只穿蔽體薄衣。一聲鼓響，陳式、夏侯尚各望本陣奔回。夏侯尚比及到陣門時，被黃忠一箭，射中後心。尚帶箭而回。淵大怒，驟馬逕取黃忠。忠正要激淵廝殺。兩將交馬，戰到二十餘合，曹營內忽然鳴金收兵。淵慌撥馬而回，被忠乘勢殺了一陣。淵回陣問押陣官：「為何鳴金？」答曰：「某見山凹中有蜀兵旗旛數處，恐是伏兵，故急招將軍回。」淵信其說，遂堅守不出。

黃忠逼到定軍山下，與法正商議。正以手指曰：「定軍山西，巍然有一座高山，四下皆是險道。此山上足可下視定軍山之虛實。將軍若取得此山，定軍山只在掌中也。」忠仰見山頭稍平，山上有些少人馬。是夜二更，忠引軍士鳴金擊鼓，直殺上山頂。此山有夏侯淵部將杜襲守把，止有數百餘人。當時見黃忠大隊擁上，只得棄山而走。忠得了山頂，正與定軍山相對。法正曰：「將軍可守在半山，某居山頂。待夏侯淵兵至，吾舉白旗為號，將軍却按兵勿

動；待他倦怠無備，吾却舉起紅旗，將軍便下山擊之；以逸待勞，必當取勝。」忠大喜，從其計。

却說杜襲引軍逃回，見夏侯淵，說黃忠奪了對山。淵大怒曰：「黃忠占了對山，不容我不出戰。」張郃諫曰：「此乃法正之謀也。將軍不可出戰，只宜堅守。」淵曰：「占了吾對山，觀吾虛實，如何不出戰？」郃苦諫不聽。淵分軍圍住對山，大罵挑戰。法正在山上舉起白旗；任從夏侯淵百般辱罵，黃忠只不出戰。午時以後，法正見曹兵倦怠，銳氣已墮，多下馬坐息，乃將紅旗招展。鼓角齊鳴，喊聲大震。黃忠一馬當先，馳下山來，猶如天崩地塌之勢。夏侯淵措手不及，被黃忠趕到麾蓋之下，大喝一聲，猶如雷吼。淵未及相迎，黃忠寶刀已落，連頭帶肩，砍為兩段。後人有詩讚黃忠曰：

蒼頭臨大敵，皓首逞神威。力趁雕弓發，風迎雪刃揮。雄聲如虎吼，駿馬似龍飛。獻馘功勳重，開疆展帝畿。

黃忠斬了夏侯淵，曹兵大潰，各自逃生。黃忠乘勢去

奪定軍山，張郃領兵來迎。忠與陳式兩人夾攻，混殺一陣，張郃敗走。忽然山傍閃出一彪人馬，當住去路；為首一員大將，大叫：「常山趙子龍在此！」張郃大驚，引敗軍奪路望定軍山而走。只見前面一枝兵來迎，乃杜襲也。襲曰：「今定軍山已被劉封、孟達奪了。」郃大驚，遂與杜襲引敗兵到漢水紮營；一面令人飛報曹操。操聞淵死，放聲大哭，方悟管輅所言：「三八縱橫」，乃建安二十四年也：「黃猪遇虎」，乃歲在己亥正月也；「定軍之南」，乃定軍山之南也；「傷折一股」，乃淵與操有兄弟之親情也。操令人尋管輅時，不知何處去了。操深恨黃忠，遂親統大軍，來定軍山與夏侯淵報讎，令徐晃作先鋒。行到漢水，張郃、杜襲接着曹操。二將曰：「今定軍山已失，可將米倉山糧草移於北山寨中屯積，然後進兵。」曹操依允。

却說黃忠斬了夏侯淵首級，來葭萌關上見玄德獻功。玄德大喜，加忠為征西大將軍，設宴慶賀。忽牙將張著來報說：「曹操自領大軍二十萬，來與夏侯淵報讎。目今張郃在米倉山搬運糧草，移於漢水北山脚下。」孔明曰：

「今操引大兵至此,恐糧草不敷,故勒兵不進;若得一人深入其境,燒其糧草,奪其輜重,則操之銳氣挫矣。」黃忠曰:「老夫願當此任。」孔明曰:「操非夏侯淵之比,不可輕敵。」玄德曰:「夏侯淵雖是總帥,乃一勇夫耳,安及張郃?若斬得張郃,勝斬夏侯淵十倍也。」忠奮然曰:「吾願往斬之。」孔明曰:「你可與趙子龍同領一枝兵去;凡事計議而行,看誰立功。」忠應允便行。孔明就令張著為副將同去。雲謂忠曰:「今操引二十萬衆,分屯十營,將軍在主公前要去奪糧,非小可之事。將軍當用何策?」忠曰:「看我先去,如何?」雲曰:「等我先去。」忠曰:「我是主將,你是副將,如何爭先?」雲曰:「我與你都一般為主公出力,何必計較?我二人拈鬮,拈着的先去。」忠依允。當時黃忠拈着先去。雲曰:「旣將軍先去,某當相助。可約定時刻。如將軍依時而還,某按兵不動;若將軍過時而不還,某卽引軍來接應。」忠曰:「公言是也。」於是二人約定午時為期。雲回本寨,謂部將張翼曰:「黃漢升約定明日去奪糧草,若午時不回,我當往助。吾營前臨漢水,地勢危險;我若去時,汝可謹守寨柵,不可輕動。」張翼應諾。

14

　　却說黃忠回到寨中，謂副將張著曰：「我斬了夏侯淵，張郃喪膽；吾明日領命去劫糧草，只留五百軍守營。你可助吾。今夜三更，盡皆飽食；四更離營，殺到北山腳下，先捉張郃，後劫糧草。」張著依令。當夜黃忠領人馬在前，張著在後，偷過漢水，直到北山之下。東方日出，見糧積如山。有些少軍士看守，見蜀兵到，盡棄而走。黃忠教馬軍一齊下馬，取柴堆於米糧之上。正欲放火，張郃兵到，與忠混戰一處。曹操聞知，急令徐晃接應。晃領兵前進，將黃忠困於垓心。張著引三百軍走脫，正要回寨，忽有一枝兵撞出，攔住去路；為首大將，乃是文聘；後面曹兵又至，把張著圍住。

　　却說趙雲在營中，看看等到午時，不見忠回，急忙披挂上馬，引三千軍向前接應；臨行，謂張翼曰：「汝可堅守營寨。兩壁廂多設弓弩，以為準備。」翼連聲應諾。雲挺鎗驟馬直殺往前去。迎頭一將攔路：乃文聘部將慕容烈也，拍馬舞刀來迎趙雲；被雲手起一鎗刺死。曹兵敗走。雲直殺入重圍，又一枝兵截住；為首乃魏將焦炳。雲喝問曰：「蜀兵何在？」炳曰：「已殺盡矣！」雲大怒，驟馬一鎗，又刺死焦炳。殺散餘兵，直至北山之下，見張郃、

徐晃兩人圍住黃忠，軍士被困多時。雲大喊一聲，挺鎗驟馬，殺入重圍；左衝右突，如入無人之境。那鎗渾身上下，若舞梨花；遍體紛紛，如飄瑞雪。張郃、徐晃心驚膽戰，不敢迎敵。雲救出黃忠，且戰且走；所到之處，無人敢阻。操於高處望見，驚問眾將曰：「此將何人也？」有識者告曰：「此乃常山趙子龍也。」操曰：「昔日當陽長坂英雄尚在！」急傳令曰：「所到之處，不許輕敵。」趙雲救了黃忠，殺透重圍，有軍士指曰：「東南上圍的，必是副將張著。」雲不回本寨，遂望東南殺來。所到之處，但見「常山趙雲」四字旗號，曾在當陽長坂知其勇者，互相傳說，盡皆逃竄。雲又救了張著。

曹操見雲東衝西突，所向無前，莫敢迎敵，救了黃忠，又救了張著；奮然大怒，自領左右將士來趕趙雲。雲已殺回本寨。部將張翼接着，望見後面塵起，知是曹兵追來，卽謂雲曰：「追兵漸近，可令軍士閉上寨門，上敵樓防護。」雲喝曰：「休閉寨門！汝豈不知吾昔在當陽長坂時，單鎗匹馬，覷曹兵八十三萬如草芥！今有軍有將，又何懼哉！」遂撥弓弩手於寨外壕中埋伏；將營內旗鎗，盡皆倒偃；金鼓不鳴。雲匹馬單鎗，立於營門之外。

　　却說張郃、徐晃領兵追至蜀寨，天色已暮；見寨中偃旗息鼓，又見趙雲匹馬單鎗，立於營外，寨門大開，二將不敢前進。正疑之間，曹操親到，急催督衆軍向前。衆軍聽令，大喊一聲，殺奔營前；見趙雲全然不動，曹兵翻身就回。趙雲把鎗一招，壕中弓弩齊發。時天色昏黑，正不知蜀兵多少。操先撥回馬走。只聽得後面喊聲大震，鼓角齊鳴，蜀兵趕來。曹兵自相踐踏；擁到漢水河邊，落水死者，不知其數。趙雲、黃忠、張著各引兵一枝，追殺甚急。操正奔走間，忽劉封、孟達率二枝兵，從米倉山路殺來，放火燒糧草。操棄了北山糧草，忙回南鄭。徐晃、張郃紮腳不住，亦棄本寨而走。趙雲占了曹寨，黃忠奪了糧草、漢水，所得軍器無數，大獲勝捷，差人去報玄德。玄德遂同孔明前至漢水，問趙雲的部卒曰：「子龍如何廝殺？」軍士將子龍救黃忠、拒漢水之事，細述一遍。玄德大喜，看了山前山後險峻之路，欣然謂孔明曰：「子龍一身都是膽也！」後人有詩讚曰：

　　　　昔日戰長坂，威風猶未減。突陣顯英雄，被圍施勇敢。鬼哭與神號，天驚并地慘：常山趙子龍，一身都是

17

膽！

於是玄德號子龍為虎威將軍，大勞將士，歡宴至晚。

忽報曹操復遣大軍從斜谷小路而進，來取漢水。玄德
笑曰：「操此來無能為也。我料必得漢水矣。」乃率兵於
漢水之西以迎之。曹操命徐晃為先鋒，前來決戰。帳前一
人出曰：「某深知地理，願助徐將軍同去破蜀。」操視之，
乃巴西宕渠人也：姓王，名平，字子均；見充牙門將軍。
操大喜，遂命王平為副先鋒，相助徐晃。操屯兵於定軍山
北。徐晃、王平引軍至漢水，晃令前軍渡水列陣。平曰：
「軍若渡水，倘要急退，如之奈何？」晃曰：「昔韓信背
水為陣，所謂『致之死地而後生』也。」平曰：「不然：
昔者韓信料敵人無謀而用此計。今將軍能料趙雲、黃忠之
意否？」晃曰：「汝可引步軍拒敵，看我引馬軍破之。」
遂令搭起浮橋，隨即過河來戰蜀兵。正是：魏人妄意宗韓
信，蜀相那知是子房。未知勝負如何，且看下文分解。

第七十二回　諸葛亮智取漢中　曹阿瞞兵退斜谷

　　却說徐晃引軍渡漢水，王平苦諫不聽，渡過漢水紮營。黃忠、趙雲告玄德曰：「某等各引本部兵去迎曹兵。」玄德應允。二人引兵而行。忠謂雲曰：「今徐晃恃勇而來，且休與敵；待日暮兵疲，你我分兵兩路擊之可也。」雲然之，各引一軍據住寨柵。徐晃引兵從辰時搦戰，直至申時，蜀兵不動。晃盡教弓弩手向前，望蜀營射去。黃忠謂趙雲曰：「徐晃令弓弩射者，其軍必將退也；可乘時擊之。」言未已，忽報曹兵後隊果然退動。於是蜀營鼓聲大震：黃忠領兵左出，趙雲領兵右出。兩下夾攻，徐晃大敗。軍士逼入漢水，死者無數。晃死戰得脫，回營責王平曰：「汝見吾軍勢將危，如何不救？」平曰：「我若來救，此寨亦不能保。我曾諫公休去，公不肯聽，以致此敗。」晃大怒，欲殺王平。平當夜引本部軍就營中放起火來，曹兵大亂，徐晃棄營而走。王平渡漢水來投趙雲，雲引見玄德。王平盡言漢水地理。玄德大喜曰：「孤得王子均，取漢中無疑矣。」遂命王平為偏將軍，領鄉導使。

　　却說徐晃逃回見操，說王平反去降劉備矣。操大怒，
親統大軍來奪漢水寨柵。趙雲恐孤軍難立，遂退於漢水之
西。兩軍隔水相拒。玄德與孔明來觀形勢。孔明見漢水上
流頭，有一帶土山，可伏千餘人；乃回到營中，喚趙雲分
付：「汝可引五百人，皆帶鼓角，伏於土山之下；或半夜，
或黃昏，只聽我營中礮響：礮響一番，擂鼓一番－－只不
要出戰。」子龍受計去了。孔明却在高山上暗窺。次日，
曹兵到來搦戰，蜀營中一人不出，弓弩亦都不發。曹兵自
回。當夜更深，孔明見曹營燈火方息，軍士歇定，遂放號
礮。子龍聽得，令鼓角齊鳴。曹兵驚慌，只疑劫寨。及至
出營，不見一軍。方纔回營欲歇，號礮又響，鼓角又鳴，
吶喊震地，山谷應聲。曹兵徹夜不安。一連三夜，如此驚
疑，操心怯，拔寨退三十里，就空闊處紮營。孔明笑曰：
「曹操雖知兵法，不知詭計。」遂請玄德親渡漢水，背水
結營。玄德問計，孔明曰：「可如此如此。」

　　曹操見玄德背水下寨，心中疑惑，使人來下戰書。孔
明批來日決戰。次日，兩軍會於中路五界山前，列成陣勢。
操出馬立於門旗下，兩行布列龍鳳旌旗，擂鼓三通，喚玄
德答話。玄德引劉封、孟達并川中諸將而出。操揚鞭大罵

曰：「劉備：忘恩失義、反叛朝廷之賊！」玄德曰：「吾乃大漢宗親，奉詔討賊。汝上弒母后，自立為王，僭用天子鑾輿，非反而何？」操怒，命徐晃出馬來戰。劉封出迎。交戰之時，玄德先走入陣。封敵晃不住，撥馬便走。操下令：「捉得劉備，便為西川之主。」大軍齊吶喊殺過陣來。蜀兵望漢水而逃，盡棄營寨；馬匹軍器，丟滿道上。曹軍皆爭取。操急鳴金收軍。眾將曰：「某等正待捉劉備，大王何故收軍？」操曰：「吾見蜀兵背漢水安營：其可疑一也；多棄馬匹軍器：其可疑二也。可急退軍，休取衣物。」遂下令曰：「妄取一物者立斬。火速退兵。」曹兵方回頭時，孔明號旗舉起：玄德中軍領兵便出，黃忠左邊殺來，趙雲右邊殺來。曹兵大潰而逃。孔明連夜追趕。操傳令軍回南鄭。只見五路火起：原來魏延、張飛得嚴顏代守閬中，分兵殺來，先得了南鄭。操心驚，望陽平關而走。玄德大兵追至南鄭褒州。安民已畢，玄德問孔明曰：「曹操此來，何敗之速也？」孔明曰：「操平生為人多疑，雖能用兵，疑則多敗。吾以疑兵勝之。」玄德曰：「今操退守陽平關，其勢已孤，先生將何策以退之？」孔明曰：「亮已算定了。」便差張飛、魏延分兵兩路去截曹操糧道，令黃忠、趙雲分兵兩路去放火燒山。四路軍將，各引鄉導官軍去了。

　　却說曹操退守陽平關，令軍哨探。回報曰：「今蜀兵將遠近小路，盡皆塞斷；砍柴去處，盡放火燒絕；不知兵在何處。」操正疑惑間，又報張飛、魏延分兵劫糧。操問曰：「誰敢敵張飛？」許褚曰：「某願往！」操令許褚引一千精兵，去陽平關路上護接糧草。解糧官接着，喜曰：「若非將軍到此，糧不得到陽平矣。」遂將車上的酒肉，獻與許褚。褚痛飲，不覺大醉，便乘酒興，催糧車行。解糧官曰：「日已暮矣，前褒州之地，山勢險惡，未可過去。」褚曰：「吾有萬夫之勇，豈懼他人哉！今夜乘着月色，正好使糧車行走。」許褚當先，橫刀縱馬，引軍前進。二更已後，往褒州路上而來。行至半路，忽山凹裏鼓角震天，一枝軍當住。為首大將，乃張飛也：挺矛縱馬，直取許褚。褚舞刀來迎，却因酒醉，敵不住張飛；戰不數合，被飛一矛刺中肩膊，翻身落馬；軍士急忙救起，退後便走。張飛盡奪糧草車輛而回。

　　却說眾將保着許褚，回見曹操。操令醫士療治金瘡，

22

一面親自提兵來與蜀兵決戰。玄德引軍出迎。兩陣對圓，玄德令劉封出馬。操罵曰：「賣履小兒：常使假子拒敵！吾若喚黃鬚兒來，汝假子為肉泥矣！」劉封大怒，挺鎗驟馬，逕取曹操。操令徐晃來迎，封詐敗而走。操引兵追趕，蜀兵營中，四下礮響，鼓角齊鳴。操恐有伏兵，急敎退軍。曹兵自相踐踏，死者極多。奔回陽平關，方纔歇定，蜀兵趕到城下，東門放火，西門吶喊；南門放火，北門擂鼓。操大懼，棄關而走。蜀兵從後追襲。操正走之間，前面張飛引一枝兵截住，趙雲引一枝兵從背後殺來，黃忠又引兵從襃州殺來。操大敗。諸將保護曹操，奪路而走。方逃至斜谷界口，前面塵頭忽起，一枝兵到。操曰：「此軍若是伏兵，吾休矣！」及兵將近，乃操次子曹彰也。

　　彰字子文，少善騎射；膂力過人，能手格猛獸。操嘗戒之曰：「汝不讀書而好弓馬，此匹夫之勇，何足貴乎？」彰曰：「大丈夫當學衞青、霍去病①，立功沙漠，長驅數十萬衆，縱橫天下；何能作博士耶？」操嘗問諸子之志。彰曰：「好為將。」操問：「為將何如？」彰曰：「披堅執銳，臨難不顧，身先士卒；賞必行，罰必信。」操大笑。建安二十三年，代郡烏桓反，操令彰引兵五萬討之；臨行

戒之曰：「『居家為父子，受事為君臣』。法不徇情，爾宜深戒。」彰到代北，身先戰陣，直殺至桑乾，北方皆平；因聞操在陽平敗陣，故來助戰。操見彰至，大喜曰：「我黃鬚兒來，破劉備必矣！」遂勒兵復回，於斜谷界口安營。有人報玄德，言曹彰到。玄德問曰：「誰敢去戰曹彰？」劉封曰：「某願往。」孟達又說要去。玄德曰：「汝二人同去，看誰成功。」各引兵五千來迎：劉封在先，孟達在後。曹彰出馬與封交戰，只三合，封大敗而回。孟達引兵前進，方欲交鋒，只見曹兵大亂。原來馬超、吳蘭兩軍殺來，曹兵驚動。孟達引兵夾攻。馬超士卒，蓄銳日久，到此耀武揚威，勢不可當。曹兵敗走。曹彰正遇吳蘭，兩個交鋒，不數合，曹彰一戟刺吳蘭於馬下。三軍混戰。操收兵於斜谷界口紮住。

操屯兵日久，欲要進兵，又被馬超拒守；欲收兵回，又恐被蜀兵恥笑：心中猶豫不決。適庖官進雞湯。操見碗中有雞肋，因而有感於懷。正沈吟間，夏侯惇入帳，稟請夜間口號。操隨口曰：「雞肋！雞肋！」惇傳令眾官，都稱「雞肋」。行軍主簿楊修，見傳「雞肋」二字，便教隨行軍士，各收拾行裝，準備歸程。有人報知夏侯惇。惇大

驚，遂請楊修至帳中問曰：「公何收拾行裝？」修曰：
「以今夜號令，便知魏王不日將退兵歸也：雞肋者，食之
無肉，棄之有味。今進不能勝，退恐人笑，在此無益，不
如早歸：來日魏王必班師矣。故先收拾行裝，免得臨行慌
亂。」夏侯惇曰：「公真知魏王肺腑也！」遂亦收拾行裝。
於是寨中諸將，無不準備歸計。當夜曹操心亂，不能穩睡，
遂手提鋼斧，遶寨私行。只見夏侯惇寨內軍士，各準備行
裝。操大驚，急回帳召惇問其故。惇曰：「主簿楊德祖，
先知大王欲歸之意。」操喚楊修問之，修以雞肋之意對。
操大怒曰：「汝怎敢造言，亂我軍心！」喝刀斧手推出斬
之，將首級號令於轅門外。

原來楊修為人恃才放曠，數犯曹操之忌：操嘗造花園
一所；造成，操往觀之，不置褒貶，只取筆於門上書一
「活」字而去。人皆不曉其意。修曰：「『門』內添『活』
字，乃『闊』字也。丞相嫌園門闊耳。」於是再築牆圍。
改造停當，又請操觀之。操大喜，問曰：「誰知吾意？」
左右曰：「楊修也。」操雖稱美，心甚忌之。又一日，塞
北送酥一盒至。操自寫「一合酥」三字於盒上，置之案頭。
修入見之，竟取匙與眾分食訖。操問其故，修答曰：「盒

上明書『一人一口酥』，豈敢違丞相之命乎？」操雖喜笑，而心惡之。操恐人暗中謀害己身，常分付左右：「吾夢中好殺人；凡吾睡着，汝等切勿近前。」一日，晝寢帳中，落被於地。一近侍慌取覆蓋。操躍起拔劍斬之，復上牀睡；半晌而起，佯驚問：「何人殺吾近侍？」衆以實對。操痛哭，命厚葬之。人皆以為操果夢中殺人；惟修知其意，臨葬時指而歎曰：「丞相非在夢中，君乃在夢中耳！」操聞而愈惡之。操第三子曹植，愛修之才，常邀修談論，終夜不息。操與衆商議，欲立植為世子。曹丕知之，密請朝歌長吳質入內府商議；因恐有人知覺，乃用大簏藏吳質於中，只說是絹疋在內，載入府中。修知其事，逕來告操。操令人於丕府門伺察之。丕慌告吳質，質曰：「無憂也：明日用大簏裝絹再入以惑之。」丕如其言，以大簏載絹入。使者搜看簏中，果絹也，回報曹操。操因疑修譖害曹丕，愈惡之。操欲試曹丕、曹植之才幹。一日，令各出鄴城門；却密使人分付門吏，令勿放出。曹丕先至。門吏阻之，丕只得退回。植聞知，問於修。修曰：「君奉王命而出，如有阻當者，竟斬之可也。」植然其言。及至門，門吏阻住。植叱曰：「吾奉王命，誰敢阻當！」立斬之。於是曹操以植為能。後有人告操曰：「此乃楊修之所敎也。」操大怒，

因此亦不喜植。修又嘗為曹植作答教十餘條，但操有問，植即依條答之。操每以軍國之事問植，植對答如流。操心中甚疑。後曹丕暗買植左右，偷答教來告操。操見了大怒曰：「匹夫安敢欺我耶！」此時已有殺修之心：今乃借惑亂軍心之罪殺之。修死年三十四歲。後人有詩曰：

聰明楊德祖，世代繼簪纓。筆下龍蛇走，胸中錦繡成。開談驚四座，捷對冠羣英。身死因才悮，非關欲退兵。

曹操既殺楊修，佯怒夏侯惇，亦欲斬之。眾官告免。操乃叱退夏侯惇，下令來日進兵。次日，兵出斜谷界口，前面一軍相迎，為首大將乃魏延也。操招魏延歸降，延大罵。操令龐德出戰。二將正鬥間，曹寨內火起。人報馬超劫了中後二寨。操拔劍在手曰：「諸將退後者斬！」眾將努力向前。魏延詐敗而走，操方麾軍回戰馬超，自立馬於高阜處，看兩軍爭戰。忽一彪軍撞至面前，大叫：「魏延在此！」拈弓搭箭，射中曹操。操翻身落馬。延棄弓綽刀，驟馬上山坡來殺曹操。刺斜裏閃出一將，大叫：「休傷吾主！」視之，乃龐德也。德奮力向前，戰退魏延，保操前

行。馬超已退。操帶傷歸寨：原來被魏延射中人中，折却門牙兩個，急令醫士調治。方憶楊修之言，隨將修屍收回厚葬，就令班師；却教龐德斷後。操臥於氈車之中，左右虎賁軍護儎而行。忽報斜谷山上兩邊火起，伏兵趕來。曹兵人人驚恐。正是：依稀昔日潼關厄，彷彿當年赤壁危。未知曹操性命如何，且看下文分解。

——————

① 衞青、霍去病——西漢時兩個有名的將軍，都曾攻打過匈奴。

第七十三回　玄德進位漢中王　雲長攻拔襄陽郡

　　却說曹操退兵至斜谷，孔明料他必棄漢中而走，故差馬超等諸將，分兵十數路，不時攻劫。因此操不能久住；又被魏延射了一箭，急急班師。三軍銳氣墮盡。前隊纔行，兩下火起，乃是馬超伏兵追趕。曹兵人人喪膽。操令軍士急行，曉夜奔走無停；直至京兆，方始安心。

　　且說玄德命劉封、孟達、王平等，攻取上庸諸郡。申耽等聞操已棄漢中而走，遂皆投降。玄德安民已定，大賞三軍，人心大悅。於是衆將皆有推尊玄德為帝之心；未敢遽啟，却來稟告諸葛軍師。孔明曰：「吾意已有定奪了。」隨引法正等入見玄德曰：「今曹操專權，百姓無主；主公仁義著於天下，今已撫有兩川之地，可以應天順人，卽皇帝位，名正言順，以討國賊。事不宜遲，便請擇吉。」玄德大驚曰：「軍師之言差矣：劉備雖然漢之宗室，乃臣子也；若為此事，是反漢矣。」孔明曰：「非也：方今天下

分崩，英雄並起，各霸一方，四海才德之士，捨死亡生而事其上者，皆欲攀龍附鳳，建立功名也。今主公避嫌守義，恐失眾人之望。願主公熟思之。」玄德曰：「要吾僭居尊位，吾必不敢。可再商議長策。」諸將齊言曰：「主公若只推却，眾心解矣。」孔明曰：「主公平生以義為本，未肯便稱尊號。今有荊襄、兩川之地，可暫為漢中王。」玄德曰：「汝等雖欲尊吾為王，不得天子明詔，是僭也。」孔明曰：「今宜從權，不可拘執常理。」張飛大叫曰：「異姓之人，皆欲為君，何況哥哥乃漢朝宗派！莫說漢中王，就稱皇帝，有何不可！」玄德叱曰：「汝勿多言！」孔明曰：「主公宜從權變，先進位漢中王，然後表奏天子，未為遲也。」

玄德再三推遲不過，只得依允。建安二十四年秋七月，築壇於沔陽，方圓九里，分布五方，各設旄旗儀仗。羣臣皆依次序排列。許靖、法正請玄德登壇，進冠冕璽綬訖，面南而坐，受文武官員拜賀為漢中王。子劉禪，立為王世子。封許靖為太傅，法正為尚書令。諸葛亮為軍師，總理軍國重事。封關羽、張飛、趙雲、馬超、黃忠為五虎大將；魏延為漢中太守。其餘各擬功勳定爵。

玄德既為漢中王，遂修表一道，差人齎赴許都。表曰：

備以具臣之才，荷上將之任，總督三軍，奉辭於外；不能掃除寇難，靖匡王室，久使陛下聖教陵遲，六合之內，否而未泰：惟憂反側，疢如疾首。

曩者，董卓偽為亂階。自是之後，羣凶縱橫，殘剝海內。賴陛下聖德威臨，人臣同應，或忠義奮討，或上天降罰，暴逆並殪，以漸冰消。惟獨曹操久未梟除，侵擅國權，恣心極亂。臣昔與車騎將軍董承圖謀討操，機事不密，承見陷害。臣播越失據，忠義不果，遂得使操窮凶極逆；主后戮殺，皇子鴆害。雖糾合同盟，念在奮力；懦弱不武，歷年未效。常恐殞越，辜負國恩；寤寐永歎，夕惕若厲。

今臣羣僚以為：在昔《虞書》，敦敘九族，庶明勵翼；帝王相傳，此道不廢。周監二代，並建諸姬，實賴晉、鄭夾輔之力。高祖龍興，尊王子弟，大啟九國，卒斬諸呂，以安大宗。今操惡直醜正，實繁有徒，包藏禍心，

31

篡盜已顯；旣宗室微弱，帝族無位，斟酌古式，依假權宜：上臣為大司馬漢中王。

臣伏自三省：受國厚恩，荷任一方，陳力未效，所獲已過，不宜復忝高位，以重罪謗。羣僚見逼，迫臣以義。臣退惟寇賊不梟，國難未已；宗廟傾危，社稷將墜：誠臣憂心碎首之日。若應權通變，以寧靜聖朝，雖赴水火，所不得辭：輒順衆議，拜受印璽，以崇國威。

仰惟爵號，位高寵厚；俯思報効，憂深責重：驚怖惕息，始臨於谷，敢不盡力輸誠，獎勵六師，率齊羣義，應天順時，以寧社稷：謹拜表以聞。

表到許都，曹操在鄴郡聞知玄德自立漢中王，大怒曰：「織蓆小兒，安敢如此！吾誓滅之！」卽時傳令，盡起傾國之兵，赴兩川與漢中王決雌雄。一人出班諫曰：「大王不可因一時之怒，親勞車駕遠征。臣有一計，不須張弓隻箭，令劉備在蜀自受其禍；待其兵衰力盡，只須一將往征之，便可成功。」操視其人：乃司馬懿也。操喜問曰：「仲達有何高見？」懿曰：「江東孫權，以妹嫁劉備，而

32

又乘間竊取回去；劉備又據占荊州不還：彼此俱有切齒之恨。今可差一舌辯之士，齎書往說孫權，使興兵取荊州，劉備必發兩川之兵來救荊州。那時大王興兵去取漢川，令劉備首尾不能相救，勢必危矣。」

操大喜，即修書令滿寵為使，星夜投江東來見孫權。權知滿寵到，遂與謀士商議。張昭進曰：「魏與吳本無讎；前因聽諸葛之說詞，致兩家連年征戰不息，生靈遭其塗炭。今滿伯寧來，必有講和之意，可以禮接之。」權依其言，令重謀士接滿寵入城相見。禮畢，權以賓禮待寵。寵呈上操書，曰：「吳、魏自來無讎，皆因劉備之故，致生釁隙。魏王差某到此，約將軍攻取荊州，魏王以兵臨漢川，首尾夾擊。破劉之後，共分疆土，誓不相侵。」孫權覽書畢，設筵相待滿寵，送歸館舍安歇。

權與眾謀士商議。顧雍曰：「雖是說詞，其中有理。今可一面送滿寵回，約會曹操，首尾相擊；一面使人過江探雲長動靜，方可行事。」諸葛瑾曰：「某聞雲長自到荊州，劉備娶與妻室，先生一子，次生一女。其女尚幼，未許字人。某願往與主公世子求婚。若雲長肯許，即與雲長

計議共破曹操；若雲長不肯，然後助曹取荊州。」孫權用其謀，先送滿寵回許都；却遣諸葛瑾為使，投荊州來。入城見雲長，禮畢。雲長曰：「子瑜此來何意？」瑾曰：「特來求結兩家之好：吾主吳侯有一子，甚聰明。聞將軍有一女，特來求親。兩家結好，併力破曹。此誠美事：請君侯思之。」雲長勃然大怒曰：「吾虎女安肯嫁犬子乎！不看汝弟之面，立斬汝首！再休多言！」遂喚左右逐出。瑾抱頭鼠竄，回見吳侯；不敢隱匿，遂以實告。權大怒曰：「何太無禮耶！」便喚張昭等文武官員，商議取荊州之策。步騭曰：「曹操久欲篡漢，所懼者劉備也；今遣使來令吳興兵吞蜀，此嫁禍於吳也。」權曰：「孤亦欲取荊州久矣。」騭曰：「今曹仁見屯兵於襄陽、樊城，又無長江之險，旱路可取荊州；如何不取，却令主公動兵？只此便見其心。主公可遣使去許都見操，令曹仁旱路先起兵取荊州，雲長必掣荊州之兵而取樊城。若雲長一動，主公可遣一將，暗取荊州，一舉可得矣。」權從其議，卽時遣使過江，上書曹操，陳說此事。操大喜，發付使者先回，隨遣滿寵往樊城助曹仁，為參謀官，商議動兵；一面馳檄東吳，令領兵水路接應，以取荊州。

　　却說漢中王令魏延總督軍馬，守禦東川。遂引百官回成都。差官起造宮庭，又置館舍，自成都至白水，共建四百餘處館舍亭郵。廣積糧草，多造軍器，以圖進取中原。細作人探聽得曹操結連東吳，欲取荊州，即飛報入蜀。漢中王忙請孔明商議。孔明曰：「某已料曹操必有此謀；然吳中謀士極多，必教操令曹仁先興兵矣。」漢中王曰：「似此如之奈何？」孔明曰：「可差使命就送官誥與雲長，令先起兵取樊城，使敵軍膽寒，自然瓦解矣。」漢中王大喜，即差前部司馬費詩為使，齎捧誥命投荊州來。雲長出郭，迎接入城。至公廨禮畢，雲長問曰：「漢中王封我何爵？」詩曰：「『五虎大將』之首。」雲長曰：「那五虎將？」詩曰：「關、張、趙、馬、黃是也。」雲長怒曰：「翼德吾弟也；孟起世代名家；子龍久隨吾兄，即吾弟也：位與吾相並，可也。黃忠何等人，敢與吾同列！大丈夫終不與老卒為伍！」遂不肯受印。詩笑曰：「將軍差矣：昔蕭何、曹參與高祖同舉大事，最為親近，而韓信乃楚之亡將也；然信位為王，居蕭、曹之上，未聞蕭、曹以此為怨。今漢中王雖有『五虎將』之封，而與將軍有兄弟之義，視

同一體。將軍即漢中王，漢中王即將軍也。豈與諸人等哉？將軍受漢中王厚恩，當與同休戚、共禍福，不宜計較官號之高下：願將軍熟思之。」雲長大悟，乃再拜曰：「某之不明，非足下見教，幾誤大事。」即拜受印綬。

費詩方出王旨，令雲長領兵取樊城。雲長領命，即時便差傅士仁、糜芳二人為先鋒，先引一軍於荊州城外屯紮；一面設宴城中，款待費詩。飲至二更，忽報城外寨中火起。雲長急披挂上馬，出城看時，乃是傅士仁、糜芳飲酒，帳後遺火，燒着火礮，滿營撼動，把軍器糧草，盡皆燒燬。雲長引兵救撲，至四更方纔火滅。雲長入城，召傅士仁、糜芳責之曰：「吾令汝二人作先鋒，不曾出師，先將許多軍器糧草燒燬，火礮打死本部軍人：如此誤事，要你二人何用！」叱令斬之。費詩告曰：「未曾出師，先斬大將，於軍不利。可暫免其罪。」雲長怒氣不息，叱二人曰：「吾不看費司馬之面，必斬汝二人之首！」乃喚武士各決四十，摘去先鋒印綬，罰糜芳守南郡，傅士仁守公安；且曰：「吾若得勝回來之日，稍有差池，二罪俱罰！」二人滿面羞慚，喏喏而去。雲長便令廖化為先鋒，關平為副將，自總中軍，馬良、伊籍為參謀，一同征進。先是，有胡華

之子胡班，到荊州來投降關公；公念其舊日相救之情，甚
愛之；令隨費詩入川，見漢中王受爵。費詩辭別關公，帶
了胡班，自回蜀中去了。

　　且說關公是日祭了「帥」字大旗，假寐於帳中。忽見
一豬，其大如牛，渾身黑色，奔入帳中，逕咬雲長之足。
雲長大怒，急拔劍斬之，聲如裂帛。霎然驚覺：乃是一夢。
便覺左足陰陰疼痛；心中大疑。喚關平至，以夢告之。平
對曰：「豬亦有龍象。龍附足，乃升騰之意，不必疑忌。」
雲長聚多官於帳下，告以夢兆。或言吉祥者，或言不祥者，
衆論不一。雲長曰：「吾大丈夫年近六旬，即死何憾！」
正言間，蜀使至，傳漢中王旨，拜雲長為前將軍，假節鉞，
都督荊襄九郡事。雲長受命訖，衆官拜賀曰：「此足見猪
龍之瑞也。」於是雲長坦然不疑，遂起兵奔襄陽大路而來。

　　曹仁正在城中，忽報雲長自領兵來。仁大驚，欲堅守
不出。副將翟元曰：「今魏王令將軍約會東吳取荊州，今
彼自來，是送死也，何故避之？」參謀滿寵諫曰：「吾素
知雲長勇而有謀，未可輕敵。不如堅守，乃為上策。」驍
將夏侯存曰：「此書生之言耳。豈不聞『水來土掩，將至

兵迎』？我軍以逸待勞，自可取勝。」曹仁從其言，令滿寵守樊城，自領兵來迎雲長。雲長知曹兵來，喚關平、廖化二將，受計而往。與曹兵兩陣對圓。廖化出馬搦戰，翟元出迎。二將戰不多時，化詐敗，撥馬便走，翟元從後追殺，荊州兵退二十里。次日，又來搦戰。夏侯存、翟元一齊出迎，荊州兵又敗，又追殺二十餘里，忽聽得背後喊聲大震，鼓角齊鳴。曹仁急命前軍速回，背後關平、廖化殺來，曹兵大亂。曹仁知是中計，先掣一軍飛奔襄陽；離城數里，前面繡旗招颭，雲長勒馬橫刀，攔住去路。曹仁膽戰心驚，不敢交鋒，望襄陽斜路而走。雲長不趕。須臾，夏侯存軍至，見了雲長，大怒，便與雲長交鋒，只一合，被雲長砍死。翟元便走，被關平趕上，一刀斬之。乘勢追殺，曹兵大半死於襄江之中。曹仁退守樊城。

　　雲長得了襄陽，賞軍撫民。隨軍司馬王甫曰：「將軍一鼓而下襄陽，曹兵雖然喪膽，然以愚意論之：今東吳呂蒙屯兵陸口，常有吞併荊州之意；倘率兵逕取荊州，如之奈何？」雲長曰：「吾亦念及此。汝便可提調此事：去沿江上下，或二十里，或三十里，選高阜處置一烽火臺。每臺用五十軍守之。倘吳兵渡江，夜則明火，晝則舉煙為號。

吾當親往擊之。」王甫曰：「糜芳、傅士仁守二隘口，恐不竭力；必須再得一人以總督荊州。」雲長曰：「吾已差治中潘濬守之，有何慮焉？」甫曰：「潘濬平生多忌而好利，不可任用。可差軍前都督糧料官趙累代之：趙累為人忠誠廉直，若用此人，萬無一失。」雲長曰：「吾素知潘濬為人，今既差定，不必更改。趙累現掌糧料，亦是重事。汝勿多疑，只與我築烽火臺去。」王甫怏怏拜辭而行。雲長令關平準備船隻渡襄江，攻打樊城。

　　却說曹仁折了二將，退守樊城，謂滿寵曰：「不聽公言，兵敗將亡，失却襄陽，如之奈何？」寵曰：「雲長虎將，足智多謀，不可輕敵，只宜堅守。」正言間，人報雲長渡江而來，攻打樊城。仁大驚。寵曰：「只宜堅守。」部將呂常奮然曰：「某乞兵數千，願當來軍於襄江之內。」寵諫曰：「不可。」呂常怒曰：「據汝等文官之言，只宜堅守，何能退敵？豈不聞兵法云：『軍半渡可擊。』今雲長軍半渡襄江，何不擊之？若兵臨城下，將至壕邊，急難抵當矣。」仁卽與兵二千，令呂常出樊城迎戰。呂常來至江口，只見前面繡旗開處，雲長橫刀出馬。呂常却欲來迎，後面眾軍見雲長神威凜凜，不戰先走，呂常喝止不住。雲

長混殺過來，曹兵大敗，馬步軍折其大半。殘敗軍奔入樊城，曹仁急差人求救。使命星夜至長安，將書呈上曹操，言：「雲長破了襄陽，現圍樊城甚急；望撥大將前來救援。」曹操指班部內一人而言曰：「汝可去解樊城之圍。」其人應聲而出。衆視之，乃于禁也。禁曰：「某求一將作先鋒，領兵同去。」操又問衆人曰：「誰敢作先鋒？」一人奮然出曰：「某願施犬馬之勞，生擒關某，獻於麾下。」操觀之大喜。正是：未見東吳來伺隙，先看北魏又添兵。未知此人是誰，且看下文分解。

第七十四回　龐令明擡櫬決死戰　關雲長放水淹七軍

　　却說曹操欲使于禁赴樊城救援，問衆將誰敢作先鋒。一人應聲願往。操視之：乃龐德也。操大喜曰：「關某威震華夏，未逢對手；今遇令明，眞勁敵也。」遂加于禁為征南將軍，加龐德為征西都先鋒，大起七軍，前往樊城。這七軍，皆北方強壯之士。兩員領軍將校：一名董衡，一名董超。當日引各頭目參拜于禁。董衡曰：「今將軍提七枝重兵，去解樊城之厄，期在必勝；乃用龐德為先鋒，豈不誤事？」禁驚問其故。衡曰：「龐德原係馬超手下副將，不得已而降魏；今其故主在蜀，職居『五虎上將』；況其親兄龐柔亦在西川為官：今使他為先鋒，是潑油救火也。將軍何不啟知魏王，別換一人去？」

　　禁聞此語，遂連夜入府啟知曹操。操省悟，卽喚龐德至階下，令納下先鋒印。德大驚曰：「某正欲與大王出力，何故不肯見用？」操曰：「孤本無猜疑；但今馬超見在西川，汝兄龐柔亦在西川，俱佐劉備；孤縱不疑，奈衆口何？」龐德聞之，免冠頓首，流血滿面而告曰：「某自漢

中投降大王,每感厚恩;雖肝腦塗地,不能補報。大王何疑於德也?德昔在故鄉時,與兄同居;嫂甚不賢,德乘醉殺之;兄恨德入骨髓,誓不相見,恩已斷矣。故主馬超,有勇無謀,兵敗地亡,孤身入川,今與德各事其主,舊義已絕。德感大王恩遇,安敢萌異志?惟大王察之。」操乃扶起龐德,撫慰曰:「孤素知卿忠義,前言特以安眾人之心耳。卿可努力建功。卿不負孤,孤亦必不負卿也。」

德拜謝回家,令匠人造一木櫬。次日,請諸友赴席,列櫬於堂。眾親友見之,皆驚問曰:「將軍出師,何用此不祥之物?」德舉盃謂親友曰:「吾受魏王重恩,誓以死報。今去樊城,與關某決戰,我若不能殺彼,必為彼所殺;即不為彼所殺,我亦當自殺:故先備此櫬,以示無空回之理。」眾皆嗟歎。德喚其妻李氏與其子龐會出,謂其妻曰:「吾今為先鋒,義當効死疆場。我若死,汝好生看養吾兒。吾兒有異相,長大必當與吾報讎也。」妻子痛哭送別,德令扶櫬而行。臨行,謂部將曰:「吾今去與關某死戰,我若被關某所殺,汝等急取吾屍置此櫬中;我若殺了關某,吾亦即取其首,置此櫬內,回獻魏王。」部將五百人皆曰:「將軍如此忠勇,某等敢不竭力相助!」於是引軍前進。

有人將此言報知曹操。操喜曰：「龐德忠勇如此，孤何憂焉！」賈詡曰：「龐德恃血氣之勇，欲與關某決死戰，臣竊慮之。」操然其言，急令人傳旨戒龐德曰：「關某智勇雙全，切不可輕敵。可取則取，不可取則宜謹守。」龐德聞命，謂眾將曰：「大王何重視關某也？吾料此去，當挫關某三十年之聲價。」禁曰：「魏王之言，不可不從。」德奮然趨軍前至樊城，耀武揚威，鳴鑼擊鼓。

却說關公正坐帳中，忽探馬飛報：「曹操差于禁為將，領七枝精壯兵到來。前部先鋒龐德，軍前擡一木櫬，口出不遜之言，誓欲與將軍決一死戰。兵離城止三十里矣。」關公聞言，勃然變色，美髯飄動，大怒曰：「天下英雄，聞吾之名，無不畏服；龐德豎子，何敢藐視吾耶！關平一面攻打樊城，吾自去斬此匹夫，以雪吾恨！」平曰：「父親不可以泰山之重，與頑石爭高下。辱子願代父去戰龐德。」關公曰：「汝試一往，吾隨後便來接應。」關平出帳，提刀上馬，領兵來迎龐德。兩陣對圓，魏營一面皂旗上大書「南安龐德」四個白字。龐德青袍銀鎧，鋼刀白馬，立於陣前；背後五百軍兵緊隨，步卒數人肩擡木櫬而出。關平大罵龐德：「背主之賊！」龐德問部卒曰：「此何人

也？」或答曰：「此關公義子關平也。」德叫曰：「吾奉魏王旨，來取汝父之首！汝乃疥癩小兒，吾不殺汝！快喚汝父來！」平大怒，縱馬舞刀，來取龐德。德橫刀來迎。戰三十合，不分勝負，兩家各歇。

早有人報知關公。公大怒，令廖化去攻樊城，自己親來迎敵龐德。關平接着，言與龐德交戰，不分勝負。關公隨卽橫刀出馬，大叫曰：「關雲長在此，龐德何不早來受死！」鼓聲響處，龐德出馬曰：「吾奉魏王旨，特來取汝首！恐汝不信，備櫬在此。汝若怕死，早下馬受降！」關公大罵曰：「量汝一匹夫，亦何能為！可惜我靑龍刀斬汝鼠賊！」縱馬舞刀，來取龐德。德輪刀來迎。二將戰有百餘合，精神倍長。兩軍各看得癡呆了。魏軍恐龐德有失，急令鳴金收軍。關平恐父年老，亦急鳴金。二將各退。龐德歸寨，對衆曰：「人言關公英雄，今日方信也。」正言間，于禁至。相見畢，禁曰：「聞將軍戰關公，百合之上，未得便宜，何不且退軍避之？」德奮然曰：「魏王命將軍為大將，何太弱也？吾來日與關某共決一死，誓不退避！」禁不敢阻而回。

　　却說關公回寨，謂關平曰：「龐德刀法慣熟，眞吾敵手。」平曰：「俗云：『初生之犢不懼虎。』父親縱然斬了此人，只是西羌一小卒耳；倘有疎虞，非所以重伯父之託也。」關公曰：「吾不殺此人，何以雪恨？吾意已決？再勿多言！」次日，上馬引兵前進。龐德亦引兵來迎。兩陣對圓，二將齊出，更不打話，出馬交鋒。鬥至五十餘合，龐德撥回馬，拖刀而走。關公從後追趕。關平恐有疎失，亦隨後趕去。關公口中大罵：「龐賊！欲使拖刀計！吾豈懼汝？」原來龐德虛作拖刀勢，却把刀就鞍鞽挂住，偷拽雕弓，搭上箭，射將來。關平眼快，見龐德拽弓，大叫：「賊將休放冷箭！」關公急睜眼看時，弓弦響處，箭早到來；躲閃不及，正中左臂。關平馬到，救父回營。龐德勒回馬輪刀趕來，忽聽得本營鑼聲大震。德恐後軍有失，急勒馬回。原來于禁見龐德射中關公，恐他成了大功，滅禁威風，故鳴金收軍。龐德回馬，問：「何故鳴金？」于禁曰：「魏王有戒：關公智勇雙全。他雖中箭，只恐有詐，故鳴金收軍。」德曰：「若不收軍，吾已斬了此人也。」禁曰：「緊行無好步，當緩圖之。」龐德不知于禁之意，只懊悔不已。

　　却說關公回營，拔了箭頭。幸得箭射不深，用金瘡藥敷之。關公痛恨龐德，謂衆將曰：「吾誓報此一箭之讎！」衆將對曰：「將軍且待安息幾日，然後與戰未遲。」次日，人報龐德引軍搦戰。關公就要出戰。衆將勸住。龐德令小軍毀罵。關平把住隘口，分付衆將休報知關公。龐德搦戰十餘日，無人出迎，乃與于禁商議曰：「眼見關公箭瘡舉發，不能動止；不若乘此機會，統七軍一擁殺入寨中，可救樊城之圍。」于禁恐龐德成功，只把魏王戒旨相推，不肯動兵。龐德累欲動兵，于禁只不允；乃移七軍轉過山口，離樊城北十里，依山下寨。禁自領兵截斷大路，令龐德屯兵於谷後，使德不能進兵成功。

　　却說關平見關公箭瘡已合，甚是喜悅。忽聽得于禁移七軍於樊城之北下寨，未知其謀，卽報知關公。公遂上馬，引數騎上高阜處望之，見樊城城上旗號不整，軍士慌亂；城北十里山谷之內，屯着軍馬；又見襄江水勢甚急。看了半晌，喚鄉導官問曰：「樊城北十里山谷，是何地名？」對曰：「罾口川也。」關公喜曰：「于禁必為我擒矣。」

眾軍士問曰：「將軍何以知之？」關公曰：「『魚』入
『罾口』，豈能久乎？」諸將未信。公回本寨。時值八月
秋天，驟雨數日。公令人預備船筏，收拾水具。關平問曰：
「陸地相持，何用水具？」公曰：「非汝所知也：于禁七
軍不屯於廣易之地，而聚於罾口川險隘之處；方今秋雨連
綿，襄江之水，必然泛漲；吾已差人堰住各處水口，待水
發時，乘高就船，放水一淹，樊城、罾口川之兵皆為魚鱉
矣。」關平拜服。

却說魏軍屯於罾口川，連日大雨不止。督將成何來見
于禁曰：「大軍屯於川口，地勢甚低；雖有土山，離營稍
遠。卽今秋雨連綿，軍士艱辛。近有人報說荊州兵移於高
阜處，又於漢水口預備戰筏；倘江水泛漲，我軍危矣：宜
早為計。」于禁叱曰：「匹夫惑吾軍心耶！再有多言者斬
之！」成何羞慚而退，却來見龐德，說此事。德曰：「汝
所見甚當。于將軍不肯移兵，吾明日自移軍屯於他處。」

計議方定，是夜風雨大作。龐德坐在帳中，只聽得萬
馬爭奔，征鼙震地。德大驚，急出帳上馬看時，四面八方，
大水驟至；七軍亂竄，隨波逐浪者，不計其數；平地水深

丈餘。于禁、龐德與諸將各登小山避水。比及平明，關公
及眾將皆搖旗鼓譟，乘大船而來。于禁見四下無路，左右
止有五六十人，料不能逃，口稱願降。關公令盡去衣甲，
拘收入船，然後來擒龐德。時龐德并二董及成何，與步卒
五百人，皆無衣甲，立在堤上。見關公來，龐德全無懼怯，
奮然前來接戰。關公將船四面圍定，軍士一齊放箭，射死
魏兵大半。董衡、董超見勢已危，乃告龐德曰：「軍士折
傷大半，四下無路，不如投降。」龐德大怒曰：「吾受魏
王厚恩，豈肯屈節於人！」遂親斬董衡、董超於前，厲聲
曰：「再說降者，以此二人為例！」於是眾皆奮力禦敵。
自平明戰至日中，勇力倍增。關公催四面急攻，矢石如雨。
德令軍士用短兵接戰。德回顧成何曰：「吾聞『勇將不怯
死以苟免，壯士不毀節而求生』。今日乃我死日也。汝可
努力死戰。」成何依令向前，被關公一箭射落水中。眾軍
皆降，止有龐德一人力戰。正遇荊州數十人，駕小船近堤
來，德提刀飛身一躍，早上小船，立殺十餘人，餘皆棄船
赴水逃命。龐德一手提刀，一手使短棹，欲向樊城而走。
只見上流頭，一將撐大筏而至，將小船撞翻，龐德落於水
中。船上那將跳下水去，生擒龐德上船。眾視之：擒龐德
者，乃周倉也。倉素知水性，又在荊州住了數年，愈加慣

熟；更兼力大，因此擒了龐德。于禁所領七軍，皆死於水中。其會水者料無去路，亦俱投降。後人有詩曰：

夜半征鼙響震天，襄樊平地作深淵。關公神算誰能及，華夏威名萬古傳。

關公回到高阜去處，升帳而坐。羣刀手押過于禁來。禁拜伏於地，乞哀請命。關公曰：「汝怎敢抗吾？」禁曰：「上命差遣，身不由己。望君侯憐憫，誓以死報。」公綽髯笑曰：「吾殺汝，猶殺狗彘耳，空汙刀斧！」令人縛送荊州大牢內監候：「待吾回，別作區處。」發落去訖。關公又令押過龐德。德睜眉怒目，立而不跪，關公曰：「汝兄見在漢中；汝故主馬超，亦在蜀中為大將；汝如何不早降？」德大怒曰：「吾寧死於刀下，豈降汝耶！」罵不絕口。公大怒，喝令刀斧手推出斬之。德引頸受刑。關公憐而葬之。於是乘水勢未退，復上戰船，引大小將校來攻樊城。

　　却說樊城周圍，白浪滔天，水勢益甚；城垣漸漸浸塌，男女擔土搬磚，填塞不住。曹軍衆將，無不喪膽，慌忙來告曹仁曰：「今日之危，非力可救；可趁敵軍未至，乘舟夜走；雖然失城，尚可全身。」仁從其言。方欲備船出走，滿寵諫曰：「不可：山水驟至，豈能長存？不旬日即當自退。關公雖未攻城，已遣別將往郟下。其所以不敢輕進者，慮吾軍襲其後也。今若棄城而去，黃河以南，非國家之有矣。願將軍固守此城，以為保障。」仁拱手稱謝曰：「非伯寧之敎，幾誤大事。」乃騎白馬上城，聚衆將發誓曰：「吾受魏王命，保守此城；但有言棄城而去者斬！」諸將皆曰：「某等願以死據守！」仁大喜，就城上設弓弩數百。軍士晝夜防護，不敢懈怠。老幼居民，擔土石填塞城垣。旬日之內，水勢漸退。

　　關公自擒魏將于禁等，威震天下，無不驚駭。忽次子關興來寨內省親。公就令興齎諸官立功文書去成都見漢中王，各求陞遷。興拜辭父親，逕投成都去訖。

　　却說關公分兵一半，直抵郟下。公自領兵四面攻打樊城。當日關公自到北門，立馬揚鞭，指而問曰：「汝等鼠

輩，不早來降，更待何時？」正言間，曹仁在敵樓上，見關公身上止披掩心甲，斜袒着綠袍，乃急招五百弓弩手，一齊放箭。公急勒馬回時，右臂上中一弩箭，翻身落馬。正是：水裏七軍方喪膽，城中一箭忽傷身。未知關公性命如何，且看下文分解。

第七十五回　關雲長刮骨療毒　呂子明白衣渡江

　　却說曹仁見關公落馬，卽引兵衝出城來；被關平一陣殺回，救關公歸寨，拔出臂箭。原來箭頭有藥，毒已入骨，右臂青腫，不能運動。關平慌與衆將商議曰：「父親若損此臂，安能出敵？不如暫回荊州調理。」於是與衆將入帳見關公。公問曰：「汝等來有何事？」衆對曰：「某等因見君侯右臂損傷，恐臨敵致怒，衝突不便。衆議可暫班師回荊州調理。」公怒曰：「吾取樊城，只在目前；取了樊城，卽當長驅大進，逕到許都，剿滅操賊，以安漢室。豈可因小瘡而誤大事？汝等敢慢吾軍心耶！」平等默然而退。

　　衆將見公不肯退兵，瘡又不痊，只得四方訪問名醫。忽一日，有人從江東駕小舟而來，直至寨前。小校引見關平。平視其人：方巾闊服，臂挽青囊；自言姓名：「乃沛國譙郡人：姓華，名佗，字元化。因聞關將軍乃天下英雄，今中毒箭，特來醫治。」平曰：「莫非昔日醫東吳周泰者乎？」佗曰：「然。」平大喜，卽與衆將同引華佗入帳見關公。時關公本是臂疼，恐慢軍心，無可消遣，正與馬良

弈棋；聞有醫者至，即召入。禮畢，賜坐。茶罷，佗請臂視之。公袒下衣袍，伸臂令佗看視。佗曰：「此乃弩箭所傷，其中有烏頭①之藥，直透入骨；若不早治，此臂無用矣。」公曰：「用何物治之？」佗曰：「某自有治法－－但恐君侯懼耳。」公笑曰：「吾視死如歸，有何懼哉？」佗曰：「當於靜處立一標柱，上釘大環，請君侯將臂穿於環中，以繩繫之，然後以被蒙其首。吾用尖刀割開皮肉，直至於骨，刮去骨上箭毒，用藥敷之，以線縫其口，方可無事－－但恐君侯懼耳。」公笑曰：「如此，容易！何用柱環？」令設酒席相待。

公飲數盃酒畢，一面仍與馬良弈棋，伸臂令佗割之。佗取尖刀在手，令一小校，捧一大盆於臂下接血。佗曰：「某便下手。君侯勿驚。」公曰：「任汝醫治。吾豈比世間俗子，懼痛者耶？」佗乃下刀，割開皮肉，直至於骨，骨上已青；佗用刀刮骨，悉悉有聲。帳上帳下見者皆掩面失色。公飲酒食肉，談笑弈棋，全無痛苦之色。

須臾，血流盈盆。佗刮盡其毒，敷上藥，以線縫之。公大笑而起，謂眾將曰：「此臂伸舒如故，並無痛矣。先

生真神醫也！」佗曰：「某為醫一生，未嘗見此。君侯真
天神也！」後人有詩曰：

　　　治病須分內外科，世間妙藝苦無多。神威罕及惟
關將；聖手能醫說華佗。

關公箭瘡既愈，設席款謝華佗。佗曰：「君侯箭瘡雖治，
然須愛護。切勿怒氣傷觸。過百日後，平復如舊矣。」關
公以金百兩酬之。佗曰：「某聞君侯高義，特來醫治，豈
望報乎？」堅辭不受，留藥一帖，以敷瘡口，辭別而去。

　　却說關公擒了于禁，斬了龐德，威名大震，華夏皆驚。
探馬報到許都。曹操大驚，聚文武商議曰：「某素知雲長
智勇蓋世，今據荊襄，如虎生翼。于禁被擒，龐德被斬，
魏兵挫銳；倘彼率兵直至許都，如之奈何？孤欲遷都以避
之。」司馬懿諫曰：「不可：于禁等被水所淹，非戰之故；
於國家大計，本無所損。今孫、劉失好，雲長得志，孫權
必不喜。大王可遣使去東吳陳說利害，令孫權暗暗起兵躡

雲長之後，許事平之日，割江南之地以封孫權，則樊城之
危自解矣。」主簿蔣濟曰：「仲達之言是也。今可即發使
往東吳，不必遷都動衆。」操依允，遂不遷都；因歎謂諸
將曰：「于禁從孤三十年，何期臨危反不如龐德也！今一
面遣使致書東吳，一面必得一大將以當雲長之銳——」言
未畢，階下一將應聲而出曰：「某願往。」操視之：乃徐
晃也。操大喜，遂撥精兵五萬，令徐晃為將，呂建副之，
尅日起兵，前到陽陵陂駐紮；看東南有應，然後征進。

　　却說孫權接得曹操書信，覽畢，欣然應允，即修書發
付使者先回，乃聚文武商議。張昭曰：「近聞雲長擒于禁，
斬龐德，威震華夏，操欲遷都以避其鋒。今樊城危急，遣
使求救，事定之後，恐有反覆。」權未及發言，忽報呂蒙
乘小舟自陸口來，有事面稟。權召入問之。蒙曰：「今雲
長提兵圍樊城，可乘其遠出，襲取荊州。」權曰：「孤欲
北取徐州，如何？」蒙曰：「今操遠在河北，未暇東顧。
徐州守兵無多，往自可克；然其地勢利於陸戰，不利水戰，
縱然得之，亦難保守。不如先取荊州，全據長江，別作良

圖。」權曰：「孤本欲取荊州，前言特以試卿耳。卿可速
為孤圖之。孤當隨後便起兵也。」

呂蒙辭了孫權，回至陸口。早有哨馬報說：「沿江上
下，或二十里，或三十里，高阜處各有烽火臺。」又聞荊
州軍馬整肅，預有準備，蒙大驚曰：「若如此，急難圖也。
我一時在吳侯面前勸取荊州，今卻如何處置？」尋思無計，
乃託病不出，使人回報孫權。權聞呂蒙患病，心甚怏怏。
陸遜進言曰：「呂子明之病，乃詐耳，非真病也。」權曰：
「伯言既知其詐，可往視之。」陸遜領命，是夜至陸口寨
中，來見呂蒙，果然面無病色。遜曰：「某奉吳侯命，敬
探子明貴恙。」蒙曰：「賤軀偶病，何勞探問？」遜曰：
「吳侯以重任付公，公不乘時而動，空懷鬱結，何也？」
蒙目視陸遜，良久不語。遜又曰：「愚有小方，能治將軍
之疾，未審可用否？」蒙乃屏退左右而問曰：「伯言良方，
乞早賜教。」遜笑曰：「子明之疾，不過因荊州兵馬整肅，
沿江有烽火臺之備耳。予有一計，令沿江守吏，不能舉火；
荊州之兵，束手歸降，可乎？」蒙驚謝曰：「伯言之語，
如見我肺腑。願聞良策。」陸遜曰：「雲長倚恃英雄，自
料無敵，所慮者惟將軍耳。將軍乘此機會，託疾辭職，以

陸口之任讓之他人，使他人卑辭讚美關公，以驕其心，彼必盡撤荊州之兵，以向樊城。若荊州無備，用一旅之師，別出奇計以襲之，則荊州在掌握之中矣。」蒙大喜曰：「真良策也！」

由是呂蒙託病不起，上書辭職。陸遜回見孫權，具言前計。孫權乃召呂蒙還建業養病。蒙至，入見權。權問曰：「陸口之任，昔周公瑾薦魯子敬以自代；後子敬又薦卿自代；今卿亦須薦一才望兼隆者，代卿為妙。」蒙曰：「若用望重之人，雲長必然隄備。陸遜意思深長，而未有遠名，非雲長所忌；若即用以代臣之任，必有所濟。」權大喜，即日拜陸遜為偏將軍右都督，代蒙守陸口。遜謝曰：「某年幼無學，恐不堪大任。」權曰：「子明保卿，必不差錯。卿毋得推辭。」遜乃拜受印綬，連夜往陸口；交割馬步水三軍已畢，即修書一封，具名馬、異錦、酒禮等物，遣使齎赴樊城見關公。

時公正將息箭瘡，按兵不動。忽報：「江東陸口守將呂蒙病危，孫權取回調理，近拜陸遜為將，代呂蒙守陸口。今遜差人齎書具禮，特來拜見。」關公召入，指來使而言

曰：「仲謀見識短淺，用此孺子為將！」來使伏地告曰：
「陸將軍呈書備禮，一來與君侯作賀，二來求兩家和好，
幸乞笑留。」公拆書視之，書詞極其卑謹。關公覽畢，仰
面大笑，令左右收了禮物，發付使者回去。使者回見陸遜
曰：「關公欣喜，無復有憂江東之意。」

遜大喜，密遣人探得關公果然撤荊州大半兵赴樊城聽
調，只待箭瘡痊可，便欲進兵。遜察知備細，即差人星夜
報知孫權。孫權召呂蒙商議曰：「今雲長果撤荊州之兵，
攻取樊城，便可設計襲取荊州。卿與吾弟孫皎同引大軍前
去，何如？」孫皎字叔明：乃孫權叔父孫靜之次子也。蒙
曰：「主公若以蒙可用則獨用蒙；若以叔明可用則獨用叔
明。豈不聞昔日周瑜、程普為左右都督，事雖決於瑜，然
普自以舊臣而居瑜下，頗不相睦；後因見瑜之才，方始敬
服？今蒙之才不及瑜，而叔明之親勝於普，恐未必能相濟
也。」

權大悟，遂拜呂蒙為大都督，總制江東諸路軍馬；令
孫皎在後接應糧草。蒙拜謝，點兵三萬，快船八十餘隻，
選會水者扮作商人，皆穿白衣，在船上搖櫓，却將精兵伏

於（舟艨）（舟鹿）船中。次調韓當、蔣欽、朱然、潘璋、周泰、徐盛、丁奉等七員大將，相繼而進。其餘皆隨吳侯為合後救應。一面遣使致書曹操，令進兵以襲雲長之後；一面先傳報陸遜，然後發白衣人，駕快船往潯陽江去。晝夜趲行，直抵北岸。江邊烽火臺上守臺軍盤問時，吳人答曰：「我等皆是客商；因江中阻風，到此一避。」隨將財物送與守臺軍士。軍士信之，遂任其停泊江邊。約至二更，（舟艨）（舟鹿）中精兵齊出，將烽火臺上官軍縛倒，暗號一聲，八十餘船精兵俱起，將緊要去處墩臺之軍，盡行捉入船中，不曾走了一個。於是長驅大進，逕取荊州，無人知覺。將至荊州，呂蒙將沿江墩臺所獲官軍，用好言撫慰，各各重賞，令賺開城門，縱火為號。眾軍領命，呂蒙便教前導。比及半夜，到城下叫門。門吏認得是荊州之兵，開了城門。眾軍一聲喊起，就城門裏放起號火。吳兵齊入，襲了荊州。呂蒙便傳令軍中：「如有妄殺一人，妄取民間一物者，定按軍法。」原任官吏，並依舊職。將關公家屬另養別宅，不許閒人攪擾。一面遣人申報孫權。

一日大雨，蒙上馬引數騎點看四門。忽見一人取民間箬笠以蓋鎧甲，蒙喝左右執下問之：乃蒙之鄉人也。蒙曰：

「汝雖係我同鄉，但吾號令已出，汝故犯之，當按軍法。」
其人泣告曰：「某恐雨濕官鎧，故取遮蓋，非為私用。乞
將軍念同鄉之情。」蒙曰：「吾固知汝為覆官鎧，然終是
不應取民間之物。」叱左右推下斬之。梟首傳示畢，然後
收其屍首，泣而葬之。自是三軍震肅。

　　不一日，孫權領眾至。呂蒙出郭迎接入衙。權慰勞畢，
仍命潘濬為治中，掌荊州事；監內放出于禁，遣歸曹操，
安民賞軍，設宴慶賀。權謂呂蒙曰：「今荊州已得，但公
安傅士仁，南郡糜芳，此二處如何收復？」言未畢，忽一
人出曰：「不須張弓隻箭，某憑三寸不爛之舌，說公安傅
士仁來降，可乎？」眾視之，乃虞翻也。權曰：「仲翔有
何良策，可使傅士仁歸降？」翻曰：「某自幼與士仁交厚；
今若以利害說之，彼必歸矣。」權大喜，遂令虞翻領五百
軍，逕奔公安來。

　　却說傅士仁聽知荊州有失，急令閉城堅守。虞翻至，
見城門緊閉；遂寫書拴於箭上，射入城中。軍士拾得，獻
與傅士仁。士仁拆書視之，乃招降之意。覽畢，想起關公
去日恨吾之意，不如早降；即令大開城門，請虞翻入城。

二人禮畢，各訴舊情。翻說吳侯寬洪大度，禮賢下士。士仁大喜，卽同虞翻齎印綬來荊州投降。孫權大悅，仍令去守公安。呂蒙密謂權曰：「今雲長未獲，留士仁於公安，久必有變；不若使往南郡招糜芳歸降。」權乃召傅士仁謂曰：「糜芳與卿交厚，卿可招來歸降，孤自當有重賞。」傅士仁慨然領諾，遂引十餘騎，逕投南郡招安糜芳。正是：今日公安無守志，從前王甫是良言。未知此去如何，且看下文分解。

－－－－－－

① 烏頭－－植物名，就是附子，莖、葉、根都有毒。

第七十六回　徐公明大戰沔水　關雲長敗走麥城

　　却說糜芳聞荊州有失，正無計可施。忽報公安守將傅士仁至，芳忙接入城，問其事故。士仁曰：「吾非不忠：勢危力困，不能支持。我今已降東吳，將軍亦不如早降。」芳曰：「吾等受漢中王厚恩，安忍背之？」士仁曰：「關公去日，痛恨吾二人；倘一日得勝而回，必無輕恕：公細察之。」芳曰：「吾兄弟久事漢中王，豈可一朝相背？」正猶豫間，忽報關公遣使至，接入廳上。使者曰：「關公軍中缺糧，特來南郡、公安二處取白米十萬石，令二將軍星夜去解軍前交割。如遲立斬。」芳大驚，顧謂傅士仁曰：「今荊州已被東吳所取，此糧怎得過去？」士仁厲聲曰：「不必多疑！」遂拔劍斬來使於堂上。芳驚曰：「公如何？」士仁曰：「關公此意，正要斬我二人。我等安可束手受死？公今不早降東吳，必被關公所殺。」正說間，忽報呂蒙引兵殺至城下。芳大驚，乃同傅士仁出城投降。蒙大喜，引見孫權。權重賞二人。安民已畢，大犒三軍。

　　時曹操在許都，正與眾謀士議荊州之事，忽報東吳遣使奉書至。操召入，使者呈上書信。操拆視之，書中具言吳兵將襲荊州，求操夾攻雲長；且囑：「勿洩漏，使雲長有備也。」操與眾謀士商議。主簿董昭曰：「今樊城被困，引頸望救，不如令人將書射入樊城，以寬軍心；且使關公知東吳將襲荊州。彼恐荊州有失，必速退兵，却令徐晃乘勢掩殺，可獲全功。」操從其謀，一面差人催徐晃急戰；一面親統大兵，逕往雒陽之南陽陸坡駐紮，以救曹仁。

　　却說徐晃正坐帳中，忽報魏王使至。晃接入問之。使曰：「今魏王引兵，已過雒陽；令將軍急戰關公，以解樊城之困。」正說間，探馬報說：「關平屯兵在偃城，廖化屯兵在四冢。前後一十二個寨柵，連絡不絕。」晃卽差副將徐商、呂建假着徐晃旗號，前赴偃城與關平交戰。晃却自引精兵五百，循沔水去襲偃城之後。

　　且說關平聞徐晃自引兵至，遂提本部兵迎敵。兩陣對圓，關平出馬，與徐商交鋒，只三合，商大敗而走；呂建出戰，五六合亦敗走。平乘勝追殺二十餘里，忽報城中火

起。平知中計，急勒兵回救偃城，正遇一彪軍擺開。徐晃立馬在門旗下，高叫曰：「關平賢姪，好不知死！汝荊州己被東吳奪了，猶然在此狂為！」平大怒，縱馬輪刀，直取徐晃；不三四合，三軍喊叫，偃城中火光大起。平不敢戀戰，殺條大路，逕奔四冢寨來。廖化接着。化曰：「人言荊州已被呂蒙襲了，軍心驚慌，如之奈何？」平曰：「此必訛言也。軍士再言者斬之。」忽流星馬到，報說正北第一屯被徐晃領兵攻打。平曰：「若第一屯有失，諸營豈得安寧？此間皆靠沔水，賊兵不敢到此。吾與汝同去救第一屯。」廖化喚部將分付曰：「汝等堅守營寨，如有賊到，即便舉火。」部將曰：「四冢寨鹿角十重，雖飛鳥亦不能入，何慮賊兵？」於是關平、廖化盡起四冢寨精兵，奔至第一屯住紮。關平看見魏兵屯於淺山之上，謂廖化曰：「徐晃屯兵，不得地利，今夜可引兵劫寨。」化曰：「將軍可分兵一半前去，某當謹守本寨。」

是夜，關平引一枝兵殺入魏寨，不見一人。平知是計，火速退時，左邊徐商，右邊呂建，兩下夾攻。平大敗回營，魏兵乘勢追殺前來，四面圍住。關平、廖化支持不住，棄了第一屯，逕投四冢寨來。早望見寨中火起。急到寨前，

只見皆是魏兵旗號。關平等退兵，忙奔樊城大路而走。前面一軍攔住，為首大將，乃是徐晃也。平、化二人奮力死戰，奪路而走，回到大寨，來見關公曰：「今徐晃奪了偃城等處；又兼曹操自引大軍，分三路來救樊城；多有人言荊州已被呂蒙襲了。」關公喝曰：「此敵人訛言，以亂我軍心耳！東吳呂蒙病危，孺子陸遜代之，不足為慮！」

言未畢，忽報徐晃兵至，公令備馬。平諫曰：「父體未痊，不可與敵。」公曰：「徐晃與我有舊，深知其能；若彼不退，吾先斬之，以警魏將。」遂披挂提刀上馬，奮然而出。魏軍見之，無不驚懼。公勒馬問曰：「徐公明安在？」魏營門旗開處，徐晃出馬，欠身而言曰：「自別君侯，倏忽數載。不想君侯鬚髮已蒼白矣。憶昔壯年相從，多蒙教誨，感謝不忘。今君侯英風震於華夏，使故人聞之，不勝歡羨！茲幸得一見，深慰渴懷。」公曰：「吾與公明交契深厚，非比他人；今何故數窮吾兒耶？」晃回顧眾將，厲聲大叫曰：「若取得雲長首級者，重賞千金！」公驚曰：「公明何出此言？」晃曰：「今日乃國家之事，某不敢以私廢公。」言訖，揮大斧直取關公。公大怒，亦揮刀迎之，戰八十餘合。公雖武藝絕倫，終是右臂少力。關平恐公有

65

失，火急鳴金。公撥馬回寨，忽聞四下裏喊聲大震。原來是樊城曹仁聞曹操救兵至，引軍殺出城來，與徐晃會合，兩下夾攻。荊州兵大亂。關公上馬，引眾將急奔襄江上流頭。背後魏兵追至。關公急渡過襄江，望襄陽而奔。忽流星馬到，報說：「荊州已被呂蒙所奪，家眷被陷。」關公大驚，不敢奔襄陽，提兵投公安來。探馬又報：「公安傅士仁已降東吳了。」關公大怒。忽催糧人到，報說：「公安傅士仁往南郡，殺了使命，招糜芳都降東吳去了。」

關公聞言，怒氣沖塞，瘡口迸裂，昏絕於地。眾將救醒。公顧謂司馬王甫曰：「悔不聽足下之言，今日果有此事！」因問：「沿江上下，何不舉火？」探馬答曰：「呂蒙使水手盡穿白衣，扮作客商渡江，將精兵伏於（舟冓）（舟鹿）之中，先擒了守臺士卒，因此不得舉火。」公跌足歎曰：「吾中奸賊之謀矣！有何面目見兄長耶！」管糧都督趙累曰：「今事急矣，可一面差人往成都求救，一面從旱路去取荊州。」關公依言，差馬良、伊籍齎文三道，星夜赴成都求救；一面引兵來取荊州；自領前隊先行，留廖化、關平斷後。

却說樊城圍解，曹仁引眾將來見曹操，泣拜請罪。操曰：「此乃天數，非汝等之罪也。」操重賞三軍，親至四冢寨，周圍閱視，顧謂諸將曰：「荊州兵圍塹鹿角數重，徐公明深入其中，竟獲全功。孤用兵三十餘年，未敢長驅逕入敵圍。公明真膽識兼優者也！」眾皆歎服。操班師還於摩陂駐紮。徐晃兵至，操親出寨迎之。見晃軍皆按隊伍而行，並無差亂。操大喜曰：「徐將軍真有周亞夫①之風矣！」遂封徐晃為平南將軍，同夏侯尚守襄陽，以遏關公之師。操因荊州未定，就屯兵於摩陂，以候消息。

却說關公在荊州路上，進退無路，謂趙累曰：「目今前有吳兵，後有魏兵，吾在其中，救兵不至，如之奈何？」累曰：「昔呂蒙在陸口時，嘗致書君侯，兩家約好，共誅操賊；今却助曹而襲我，是背盟也。君侯暫駐軍於此，可差人遺書呂蒙責之，看彼如何對答。」關公從其言，遂修書遣使赴荊州來。

　　却說呂蒙在荊州，傳下號令：凡荊州諸郡，有隨關公出征將士之家，不許吳兵攪擾，按月給與糧米；有患病者，遣醫治療。將士之家，感其恩惠，安堵不動。忽報關公使至，呂蒙出郭迎接入城，以賓禮相待。使者呈書與蒙。蒙看畢，謂來使曰：「蒙昔日與關將軍結好，乃一己之私見；今日之事，乃上命差遣，不得自主。煩使者回報將軍，善言致意。」遂設宴款待，送歸館驛安歇。於是隨征將士之家，皆來問信。有附家書者，有口傳音信者，皆言家門無恙，衣食不缺。

　　使者辭別呂蒙，蒙親送出城。使者回見關公，具道呂蒙之語，並說荊州城中，君侯寶眷并諸將家屬，俱各無恙，供給不缺。公大怒曰：「此奸賊之計也！我生不能殺此賊，死必殺之，以雪吾恨！」喝退使者。使者出寨，衆將皆來探問家中之事。使者具言各家安好，呂蒙極其恩恤，並將書信傳送各將。各將欣喜，皆無戰心。

　　關公率兵取荊州，軍行之次，將士多有逃回荊州者。關公愈加恨怒，遂催軍前進。忽然喊聲大震，一彪軍攔住；

68

為首大將，乃蔣欽也，勒馬挺鎗大叫曰：「雲長何不早降！」關公罵曰：「吾乃漢將，豈降賊乎！」拍馬舞刀，直取蔣欽。不三合，欽敗走。關公提刀追殺二十餘里，喊聲忽起，左邊山谷中，韓當領兵衝出；右邊山谷中，周泰引軍衝出；蔣欽回馬復戰：三路夾攻。關公急撤軍回走。行無數里，只見南山岡上人煙聚集，一面白旗招颭，上寫「荊州土人」四字，眾人都叫：「本處人速速投降！」關公大怒，欲上岡殺之。山崦內又有兩軍撞出，左邊丁奉，右邊徐盛，并合蔣欽等三路軍馬，喊聲震地，鼓角喧天，將關公困在垓心。手下將士，漸漸消疎。比及殺到黃昏，關公遙望四山之上，皆是荊州士兵，呼兄喚弟，覓子尋爺，喊聲不住。軍心盡變，皆應聲而去。關公止喝不住。部從止有三百餘人。殺至三更，正東上喊聲連天，乃關平、廖化分為兩路兵殺入重圍，救出關公。關平告曰：「軍心亂矣。必得城池暫屯，以待援兵。麥城雖小，足可屯紮。」關公從之，催促殘軍前至麥城，分兵緊守四門，聚將士商議。趙累曰：「此處相近上庸，現有劉封、孟達在彼把守，可速差人往求救兵。若得這枝軍馬接濟，以待川兵大至，軍心自安矣。」

　　正議間，忽報吳兵已至，將城四面圍定。公問曰：「誰敢突圍而出，往上庸求救？」廖化曰：「某願往。」關平曰：「我護送汝出重圍。」關公即修書付廖化藏於身畔，飽食上馬，開門出城。正遇吳將丁奉截住，被關平奮力衝殺。奉敗走。廖化乘勢殺出重圍，投上庸去了。關平入城，堅守不出。

　　且說劉封、孟達自取上庸，太守申耽率衆歸降，因此漢中王加劉封為副將軍，與孟達同守上庸。當日探知關公兵敗，二人正議間，忽報廖化至。封令請入問之。化曰：「關公兵敗，見困於麥城，被圍至急。蜀中援兵，不能旦夕即至。特令某突圍而出，來此求救。望二將軍速起上庸之兵，以救此危。倘稍遲延，公必陷矣。」封曰：「將軍且歇，容某計議。」

　　化乃至館驛安歇，崐候發兵。劉封謂孟達曰：「叔父被困，如之奈何？」達曰：「東吳兵精將勇；且荊州九郡，俱已屬彼，止有麥城，乃彈丸之地；又聞曹操親督大軍四五十萬，屯於摩陂；量我等山城之衆，安能敵得兩家之強兵？不可輕敵。」封曰：「吾亦知之。奈關公是吾叔父，

安忍坐視而不救乎？」達笑曰：「將軍以關公為叔，恐關公未必以將軍為姪也。某聞漢中王初嗣將軍之時，關公即不悅。後漢中王登位之後，欲立後嗣，問於孔明。孔明曰：『此家事也，問關、張可矣。』漢中王遂遣人至荊州問關公。關公以將軍乃螟蛉之子，不可僭立，勸漢中王遠置將軍於上庸山城之地，以杜後患。此事人人知之，將軍豈反不知耶？何今日猶沾沾以叔姪之義，而欲冒險輕動乎？」封曰：「君言雖是，但以何詞却之？」達曰：「但言山城初附，民心未定，不敢造次興兵，恐失所守。」封從其言；次日請廖化至，言：「此山城初附之所，未能分兵相救。」化大驚，以頭叩地曰：「若如此，則關公休矣！」達曰：「我今即往，一盃之水，安能救一車薪之火乎？將軍速回，靜候蜀兵至可也。」化大慟告求。劉封、孟達皆拂袖而入。廖化知事不諧，尋思須告漢中王求救，遂上馬大罵出城，望成都而去。

却說關公在麥城盼望上庸兵到，却不見動靜；手下止有五六百人，多半帶傷；城中無糧，甚是苦楚。忽報城下一人教休放箭，有話來見君侯。公令放入，問之，乃諸葛瑾也。禮畢茶罷，瑾曰：「今奉吳侯命，特來勸諭將軍。

自古道：『識時務者為俊傑。』今將軍所統漢上九郡，皆已屬他人矣；止有孤城一區，內無糧草，外無救兵，危在旦夕。將軍何不從瑾之言：歸順吳侯，復鎮荊襄，可以保全家眷。幸君侯熟思之。」關公正色而言曰：「吾乃解良一武夫，蒙吾主以手足相待，安肯背義投敵國乎？城若破，有死而已。玉可碎而不可改其白，竹可焚而不可毀其節。身雖殞，名可垂於竹帛也。汝勿多言，速請出城。吾欲與孫權決一死戰！」瑾曰：「吳侯欲與君侯結秦、晉之好，同力破曹，共扶漢室，別無他意。君侯何執迷如是？」言未畢，關平拔劍而前，欲斬諸葛瑾。公止之曰：「彼弟孔明在蜀，佐汝伯父，今若殺彼，傷其兄弟之情也。」遂令左右逐出諸葛瑾。瑾滿面羞慚，上馬出城，回見吳侯曰：「關公心如鐵石，不可說也。」孫權曰：「真忠臣也！似此如之奈何？」呂範曰：「某請卜其休咎。」權即令卜之。範揲蓍成象，乃「地水師卦」②，更有玄武臨應，主敵人遠奔。權問呂蒙曰：「卦主敵人遠奔，卿以何策擒之？」蒙笑曰：「卦象正合某之機也。關公雖有沖天之翼，飛不出吾羅網矣！」正是：龍游溝壑遭蝦戲，鳳入牢籠被鳥欺。畢竟呂蒙之計若何，且看下文分解。

－－－－－－－

① 周亞夫－－西漢時的名將。

② 「地水師卦」－－《師》，是《易經》裏的一個卦名，由《坤》和《坎》組成；《易經》裏把《坤》代表地，《坎》代表水，所以叫做「地水師卦」。

第七十七回　玉泉山關公顯聖　洛陽城曹操感神

　　却說孫權求計於呂蒙。蒙曰：「吾料關某兵少，必不從大路而逃。麥城正北有險峻小路，必從此路而去。可令朱然引精兵五千，伏於麥城之北二十里。彼軍至，不可與敵，只可隨後掩殺。彼軍定無戰心，必奔臨沮。却令潘璋引精兵五百，伏於臨沮山僻小路，關某可擒矣。今遣將士各門攻打，只空北門，待其出走。」權聞計，令呂範再卜之。卦成，範告曰：「此卦主敵人投西北而走。今夜亥時必然就擒。」權大喜，遂令朱然、潘璋領兩枝精兵，各依軍令埋伏去訖。

　　且說關公在麥城，計點馬步軍兵，止剩三百餘人；糧草又盡。是夜城外吳兵招喚各軍姓名，越城而去者甚多。救兵又不見到。心中無計，謂王甫曰：「吾悔昔日不用公言！今日危急，將復如何？」甫哭告曰：「今日之事，雖子牙復生，亦無計可施也。」趙累曰：「上庸救兵不至，乃劉封、孟達按兵不動之故。何不棄此孤城，奔入西川，再整兵來，以圖恢復？」公曰：「吾亦欲如此。」遂上城

觀之。見北門外敵軍不多，因問本城居民：「此去往北，地勢若何？」答曰：「此去皆是山僻小路，可通西川。」公曰：「今夜可走此路。」王甫諫曰：「小路有埋伏，可走大路。」公曰：「雖有埋伏，吾何懼哉！」即下令：馬步官軍，嚴整裝束，準備出城。甫哭曰：「君侯於路，小心保重！某與部卒百餘人，死據此城；城雖破，身不降也！專望君侯速來救援！」

公亦與泣別。遂留周倉與王甫同守麥城。關公自與關平、趙累引殘卒二百餘人，突出北門。關公橫刀前進。行至初更以後，約走二十餘里，只見山凹處，金鼓齊鳴，喊聲大震，一彪軍到：為首大將朱然，驟馬挺鎗叫曰：「雲長休走！趁早投降，免得一死！」公大怒，拍馬輪刀來戰。朱然便走，公乘勢追殺。一棒鼓響，四下伏兵皆起。公不敢戰，望臨沮小路而走。朱然率兵掩殺。關公所隨之兵，漸漸稀少。走不得四五里，前面喊聲又震，火光大起，潘璋驟馬舞刀殺來。公大怒，輪刀相迎；只三合，潘璋敗走。公不敢戀戰，急望山路而走。背後關平趕來，報說趙累已死於亂軍中。關公不勝悲惶，遂令關平斷後，公自在前開路，隨行止剩得十餘人。行至決石，兩下是山，山邊皆蘆

葦敗草，樹木叢雜。時已五更將盡。正走之間，一聲喊起，兩下伏兵盡出，長鈎套索，一齊並舉，先把關公坐下馬絆倒。關公翻身落馬，被潘璋部將馬忠所獲。關平知父被擒，火速來救；背後潘璋、朱然率兵齊至，把關平四下圍住。平孤身獨戰，力盡亦被執。至天明，孫權聞關公父子已被擒獲，大喜，聚眾將於帳中。

少時，馬忠簇擁關公至前。權曰：「孤久慕將軍盛德，欲結秦、晉之好，何相棄耶？公平昔自以為天下無敵，今日何由被吾所擒？將軍今日還服孫權否？」關公厲聲罵曰：「碧眼小兒，紫髯鼠輩！吾與劉皇叔桃園結義，誓扶漢室，豈與汝叛漢之賊為伍耶！我今誤中奸計，有死而已，何必多言！」權回顧眾官曰：「雲長世之豪傑，孤深愛之。今欲以禮相待，勸使歸降，何如？」主簿左咸曰：「不可：昔曹操得此人時，封侯賜爵，三日一小宴，五日一大宴；上馬一提金，下馬一提銀：如此恩禮，畢竟留之不住，聽其斬關殺將而去，致使今日反為所逼，幾欲遷都以避其鋒。今主公既已擒之，若不即除，恐貽後患。」孫權沈吟半晌，曰：「斯言是也。」遂命推出。於是關公父子皆遇害：時建安二十四年冬十二月也。關公亡年五十八歲。後人有詩

歎曰：

　　漢末才無敵，雲長獨出羣：神威能奮武，儒雅更知文。天日心如鏡，《春秋》義薄雲。昭然垂萬古，不止冠三分。

又有詩曰：

　　人傑惟追古解良，士民爭拜漢雲長。桃園一日兄和弟，俎豆千秋帝與王。氣挾風雷無匹敵，志垂日月有光芒。至今廟貌盈天下，古木寒鴉幾夕陽。

關公既歿，坐下赤兔馬被馬忠所獲，獻與孫權。權卽賜馬忠騎坐。其馬數日不食草料而死。

　　却說王甫在麥城中，骨顫肉驚，乃問周倉曰：「昨夜夢見主公渾身血汙，立於前；急問之，忽然驚覺。不知主何吉凶？」正說間，忽報吳兵在城下，將關公父子首級招安。王甫、周倉大驚，急登城視之，果關公父子首級也。王甫大叫一聲，墮城而死。周倉自刎而亡。於是麥城亦屬

東吳。

　　却說關公一魂不散，蕩蕩悠悠，直至一處：乃荊門州
當陽縣一座山，名為玉泉山。山上有一老僧，法名普靜，
原是汜水關鎮國寺中長老；後因雲游天下，來到此處，見
山明水秀，就此結草為庵，每日坐禪參道；身邊只有一小
行者，化飯度日。是夜月白風清，三更已後，普靜正在庵
中默坐，忽聞空中有人大呼曰：「還我頭來！」普靜仰面
諦視，只見空中一人，騎赤兔馬，提青龍刀；左有一白面
將軍、右有一黑臉虬髯之人相隨；一齊按落雲頭，至玉泉
山頂。普靜認得是關公，遂以手中塵尾①擊其戶曰：「雲
長安在？」關公英魂頓悟，即下馬乘風落於庵前，又手問
曰：「吾師何人？願求法號。」普靜曰：「老僧普靜，昔
日汜水關前鎮國寺中，曾與君侯相會，今日豈遂忘之耶？」
公曰：「向蒙相救，銘感不忘。今某已遇禍而死，願求清
誨，指點迷途。」普靜曰：「昔非今是，一切休論；後果
前因，彼此不爽。今將軍為呂蒙所害，大呼『還我頭來』，
然則顏良、文醜五關六將等眾人之頭，又將向誰索耶？」

於是關公恍然大悟，稽首皈依②而去。後往往於玉泉山顯聖護民。鄉人感其德，就於山頂上建廟，四時致祭。後人題一聯於其廟云：

　　　赤面秉赤心、騎赤兔追風，馳驅時、無忘赤帝；
　　　青燈觀青史、仗青龍偃月，隱微處、不愧青天。

　　却說孫權既害了關公，遂盡收荊襄之地，賞犒三軍，設宴大會諸將慶功；置呂蒙於上位，顧謂眾將曰：「孤久不得荊州，今唾手而得，皆子明之功也。」蒙再三遜謝。權曰：「昔周郎雄略過人，破曹操於赤壁，不幸早殀，魯子敬代之。子敬初見孤時，便及帝王大略，此一快也；曹操東下，諸人皆勸孤降，子敬獨勸孤召公瑾逆而擊之，此二快也。惟勸吾借荊州與劉備，是其一短。今子明設計定謀，立取荊州，勝子敬、周郎多矣。」

　　於是親酌酒賜呂蒙。呂蒙接酒欲飲，忽然擲盃於地，一手揪住孫權，厲聲大罵曰：「碧眼小兒！紫髯鼠輩！還識我否？」眾將大驚。急救時，蒙推倒孫權，大步前進，坐於孫權位上，兩眉倒豎，雙眼圓睜，大喝曰：「我自破

黃巾以來，縱橫天下三十餘年，今被汝一旦以奸計圖我，我生不能啖汝之肉，死當追呂賊之魂！－－我乃漢壽亭侯關雲長也。」權大驚，慌忙率大小將士，皆下拜。只見呂蒙倒於地上，七竅流血而死。眾將見之，無不恐懼。權將呂蒙屍首，具棺安葬，贈南郡太守潺陵侯；命其子呂霸襲爵。孫權自此感關公之事，驚訝不已。

忽報張昭自建業而來。權召入問之。昭曰：「今主公損了關公父子，江東禍不遠矣。此人與劉備桃園結義之時，誓同生死。今劉備已有兩川之兵；更兼諸葛亮之謀，張、黃、馬、趙之勇；備若知雲長父子遇害，必起傾國之兵，奮力報讎：恐東吳難與敵也。」權聞之大驚，跌足曰：「孤失計較也！似此如之奈何？」昭曰：「主公勿憂：某有一計，令西蜀之兵不犯東吳，荊州如磐石之安。」權問何計。昭曰：「今曹操擁百萬之眾，虎視華夏，劉備急欲報讎，必與操約和。若二處連兵而來，東吳危矣；不如先遣人將關公首級，轉送與曹操，明教劉備知是操之所使，必痛恨於操。西蜀之兵，不向吳而向魏矣。吾乃觀其勝負，於中取事：此為上策。」

　　權從其言，隨遣使者以木匣盛關公首級，星夜送與曹操。時操從摩陂班師回洛陽，聞東吳送關公首級至，喜曰：「雲長已死，吾夜眠貼席矣。」階下一人出曰：「此乃東吳移禍之計也。」操視之：乃主簿司馬懿也。操問其故，懿曰：「昔劉、關、張三人桃園結義之時，誓同生死。今東吳害了關公，懼其復讎，故將首級獻與大王，使劉備遷怒大王，不攻吳而攻魏，他却於中乘便而圖事耳。」操曰：「仲達之言是也。孤以何策解之？」懿曰：「此事極易。大王可將關公首級，刻一香木之軀以配之，葬以大臣之禮。劉備知之，必深恨孫權，盡力南征。我却觀其勝負：蜀勝則擊吳，吳勝則擊蜀。二處若得一處，那一處亦不久也。」操大喜，從其計，遂召吳使入。呈上木匣。操開匣視之，見關公面如平日。操笑曰：「雲長公別來無恙！」言未訖，只見關公口開目動，鬚髮皆張，操驚倒。衆官急救，良久方醒，顧謂衆官曰：「關將軍真天神也！」吳使又將關公顯聖附體、罵孫權追呂蒙之事告操。操愈加恐懼，遂設牲醴祭祀，刻沈香木為軀，以王侯之禮，葬於洛陽南門外。令大小官員送殯，操自拜祭，贈為荊王，差官守墓；卽遣吳使回江東去訖。

却說漢中王自東川回成都，法正奏曰：「王上先夫人去世；孫夫人又南歸，未必再來。人倫之道，不可廢也。必納王妃，以襄內政。」漢中王從之。法正復奏曰：「吳懿有一妹，美而且賢。嘗聞有相者相此女：後必大貴。先曾許劉焉之子劉瑁；瑁早殀。其女至今寡居，大王可納之為妃。」漢中王曰：「劉瑁與我同宗，於理不可。」法正曰：「論其親疎，何異晉文之與懷嬴③乎？」漢中王乃依允，遂納吳氏為王妃－－後生二子：長劉永，字公壽；次劉理，字奉孝。

且說東西兩川，民安國富，田禾大成。忽有人自荊州來，言東吳求婚於關公，關公力拒之。孔明曰：「荊州危矣！可使人替關公回。」正商議間，荊州捷報使命，絡繹而至。不一日，關興到，具言水淹七軍之事。忽又報馬到來，報說關公於江邊多設墩臺，隄防甚密，萬無一失。因此玄德放心。

　　忽一日，玄德自覺渾身肉顫，行坐不安；至夜，不能寧睡，起坐內室，秉燭看書，覺神思昏迷，伏几而臥；就室中起一陣冷風，燈滅復明，抬頭見一人立於燈下。玄德問曰：「汝何人，黭夜至吾內室？」其人不答。玄德疑怪，自起視之，乃是關公於燈影下，往來躲避。玄德曰：「賢弟別來無恙！夜深至此，必有大故。吾與汝情同骨肉，因何迴避？」關公泣告曰：「願兄起兵，以雪弟恨！」言訖，冷風驟起，關公不見。玄德忽然驚覺，乃是一夢：時正三鼓。玄德大疑，急出前殿，使人請孔明來。孔明入見。玄德細言夢警。孔明曰：「此乃王上心思關公，故有此夢。何必多疑？」玄德再三疑慮，孔明以善言解之。

　　孔明辭出，至中門外，迎見許靖。靖曰：「某纔赴軍師府下報一機密，聽知軍師入宮，特來至此。」孔明曰：「有何機密？」靖曰：「某適聞外人傳說，東吳呂蒙已襲荊州，關公已遇害，故特來密報軍師。」孔明曰：「吾夜觀天象，見將星落於荊、楚之地，已知雲長必然被禍；但恐王上憂慮，故未敢言。」二人正說之間，忽然殿內轉出一人，扯住孔明衣袖而言曰：「如此凶信，公何瞞我！」

孔明視之：乃玄德也。孔明、許靖奏曰：「適來所言，皆傳聞之事，未足深信。願王上寬懷，勿生憂慮。」玄德曰：「吾與雲長，誓同生死；彼若有失，孤豈能獨生耶！」

孔明、許靖正勸解之間，忽近侍奏曰：「馬良、伊籍至。」玄德急召入問之。二人具說荊州有失，關公兵敗求救，呈上表章。未及拆觀，侍臣又奏荊州廖化至。玄德急召入。化哭拜於地，細奏劉封、孟達不發救兵之事。玄德大驚曰：「若如此，吾弟休矣！」孔明曰：「劉封、孟達如此無禮，罪不容誅！王上寬心，亮親提一旅之師，去救荊襄之急。」玄德泣曰：「雲長有失，孤斷不獨生！孤來日自提一軍去救雲長！」遂一面差人赴閬中報知翼德，一面差人會集人馬。未及天明，一連數次報，說關公夜走臨沮，為吳將所獲，義不屈節，父子歸神。玄德聽罷，大叫一聲，昏絕於地。正是：為念當年同誓死，忍教今日獨捐生！未知玄德性命如何，且看下文分解。

－－－－－－

① 麈尾－－麈，鹿類。古人取牠的尾作拂塵，就把這種

東西叫做塵尾。

② 皈依－－佛教的說法，皈依是身心歸向於佛的意思。

③ 晉文之與懷嬴－－懷嬴，春秋時秦穆公女，晉惠公的兒媳；後又嫁給晉惠公的兄弟晉文公作老婆。

第七十八回　治風疾神醫身死　傳遺命奸雄數終

　　却說漢中王聞關公父子遇害，哭倒於地；衆文武急救，半晌方醒，扶入內殿。孔明勸曰：「王上少憂：自古道：『死生有命。』關公平日剛而自矜，故今日有此禍。王上且宜保養尊體，徐圖報讎。」玄德曰：「孤與關、張二弟桃園結義時，誓同生死。今雲長已亡，孤豈能獨享富貴乎！」言未已，只見關興號慟而來。玄德見了，大叫一聲，又哭絕於地。衆官救醒。一日哭絕三五次，三日水漿不進，只是痛哭；淚濕衣襟，斑斑成血。孔明與衆官再三勸解。玄德曰：「孤與東吳，誓不同日月也！」孔明曰：「聞東吳將關公首級獻與曹操，操以王侯禮祭葬之。」玄德曰：「此何意也？」孔明曰：「此是東吳欲移禍於曹操，操知其謀，故以厚禮葬關公，令王上歸怨於吳也。」玄德曰：「吾今即提兵問罪於吳，以雪吾恨！」孔明諫曰：「不可：方今吳欲令我伐魏，魏亦欲令我伐吳：各懷譎計，伺隙而乘。主上只宜按兵不動，且與關公發喪。待吳、魏不和，乘時而伐之，可也。」衆官又再三勸諫，玄德方纔進膳，傳旨川中大小將士，盡皆挂孝。漢中王親出南門招魂祭奠，

號哭終日。

却說曹操在洛陽，自葬關公後，每夜合眼便見關公。操甚驚懼，問於眾官。眾官曰：「洛陽行宮舊殿多妖，可造新殿居之。」操曰：「吾欲起一殿，名建始殿。恨無良工。」賈詡曰：「洛陽良工有蘇越者，最有巧思。」操召入，令畫圖像。蘇越畫成九間大殿，前後廊廡樓閣，呈與操。操視之曰：「汝畫甚合孤意，但恐無棟梁之材。」蘇越曰：「此去離城三十里，有一潭，名躍龍潭。前有一祠，名躍龍祠。祠傍有一株大梨樹，高十餘丈，堪作建始殿之梁。」

操大喜，即令人工到彼砍伐。次日，回報此樹鋸解不開，斧砍不入，不能斬伐。操不信，親領數百騎，直至躍龍祠前下馬，仰觀那樹，亭亭如華蓋，直侵雲漢①，並無曲節。操命砍之，鄉老數人前來諫曰：「此樹已數百年矣，常有神人居其上，恐未可伐。」操大怒曰：「吾平生游歷普天之下，四十餘年，上至天子，下至庶人，無不懼孤；

是何妖神，敢違孤意！」言訖，拔所佩劍親自砍之：錚然有聲，血濺滿身。操愕然大驚，擲劍上馬，回至宮內。是夜二更，操睡臥不安，坐於殿中，隱几而寐。忽見一人披髮仗劍，身穿皂衣，直至面前，指操喝曰：「吾乃梨樹之神也。汝蓋建始殿，意欲篡逆，却來伐吾神木！吾知汝數盡，特來殺汝！」操大驚，急呼：「武士安在？」皂衣人仗劍欲砍操。操大叫一聲，忽然驚覺，頭腦疼痛不可忍；急傳旨遍求良醫；治療不能痊可。眾官皆憂。

華歆入奏曰：「大王知有神醫華佗否？」操曰：「卽江東醫周泰者乎？」歆曰：「是也。」操曰：「雖聞其名，未知其術。」歆曰：「華佗字元化：沛國譙郡人也。其醫術之妙，世所罕有：但有患者，或用藥，或用鍼，或用灸，隨手而愈。若患五臟六腑之疾，藥不能效者，以麻肺湯飲之，令病者如醉死，却用尖刀剖開其腹，以藥湯洗其臟腑，病人略無疼痛。洗畢，然後以藥線縫口，用藥敷之。或一月，或二十日，卽平復矣。其神妙如此。一日，佗行於道上，聞一人呻吟之聲。佗曰：『此飲食不下之病。』問之果然。佗令取蒜虀汁三升飲之，吐蛇一條，長二三尺，飲食卽下。廣陵太守陳登，心中煩懣，面赤，不能飲食，求

佗醫治。佗以藥飲之，吐蟲三升，皆赤頭，首尾動搖。登問其故。佗曰：『此因多食魚腥，故有此毒。今日雖愈，三年之後，必將復發，不可救也。』後陳登果三年而死。又有一人眉間生一瘤，癢不可當，令佗視之。佗曰：『內有飛物。』人皆笑之。佗以刀割開，一黃雀飛去，病者即愈。有一人被犬咬足指，隨長肉二塊，一痛一癢，俱不可忍。佗曰：『痛者內有針十個，癢者內有黑白棋子二枚。』人皆不信，佗以刀割開，果應其言。此人真扁鵲②、倉公③之流也。見居金城，離此不遠，大王何不召之？」

操即差人星夜請華佗入內，令診脈視疾。佗曰：「大王頭腦疼痛，因患風而起。病根在腦袋中，風涎不能出。枉服湯藥，不可治療。某有一法：先飲麻肺湯，然後用利斧砍開腦袋，取出風涎，方可除根。」操大怒曰：「汝要殺孤耶！」佗曰：「大王曾聞關公中毒箭，傷其右臂，某刮骨療毒，關公略無懼色？今大王小可之疾，何多疑焉？」操曰：「臂痛可刮，腦袋安可砍開？汝必與關公情熟，乘此機會，欲報讎耳！」呼左右擎下獄中，拷問其情。賈詡諫曰：「似此良醫，世罕其匹，未可廢也。」操叱曰：「此人欲乘機害我，正與吉平無異！」急令追拷。

　　華佗在獄，有一獄卒，姓吳，人皆稱為「吳押獄」。
此人每日以酒食供奉華佗。佗感其恩，乃告曰：「我今將
死，恨有《青囊書》，未傳於世。感公厚意，無可為報；
我修一書，公可遣人送與我家，取《青囊書》來贈公，以
繼吾術。」吳押獄大喜曰：「我若得此書，棄了此役，醫
治天下病人，以傳先生之德。」佗即修書付吳押獄。吳押
獄直至金城，問佗之妻取了《青囊書》，回至獄中，付與
華佗。檢看畢，佗即將書贈與吳押獄。吳押獄持回家中藏
之。旬日之後，華佗竟死於獄中。吳押獄買棺殯殮訖，脫
了差役回家，欲取《青囊書》看習，只見其妻正將書在那
裏焚燒。吳押獄大驚，連忙搶奪，全卷已被燒毀，只剩得
一兩葉。吳押獄怒罵其妻。妻曰：「縱然學得與華佗一般
神妙，只落得死於牢中，要他何用？」吳押獄嗟歎而止。
因此《青囊書》不曾傳於世，所傳者止閹雞豬等小法，乃
燒剩一兩葉中所載也，後人有詩歎曰：

　　　　華佗仙術比長桑，神識如窺垣一方。惆悵人亡書
亦絕，後人無復見《青囊》！

却說曹操自殺華佗之後，病勢愈重，又憂吳、蜀之事。正慮間，近臣忽奏東吳遣使上書。操取書拆視之。略曰：

臣孫權久知天命已歸王上，伏望早正大位，遣將剿滅劉備，掃平兩川，臣即率羣下納土歸降矣。

操觀畢大笑，出示羣臣曰：「是兒欲使吾居爐火上耶！」侍中陳羣等奏曰：「漢室久已衰微，殿下功德巍巍，生靈仰望。今孫權稱臣歸命，此天人之應，異氣齊聲。殿下宜應天順人，早正大位。」操笑曰：「吾事漢多年，雖有功德及民，然位至於王，名爵已極，何敢更有他望？苟天命在孤，孤為周文王矣。」司馬懿曰：「今孫權既稱臣歸附，王上可封官賜爵，令拒劉備。」操從之，表封孫權為驃騎將軍南昌侯，領荊州牧。即日遣使齎誥勅赴東吳去訖。

操病勢轉加。忽一夜夢三馬同槽而食，及曉，問賈詡曰：「孤向日曾夢三馬同槽，疑是馬騰父子為禍；今騰已

91

死，昨宵復夢三馬同槽。主何吉凶？」詡曰：「祿馬吉兆也。祿馬歸於曹，王上何必疑乎？」操因此不疑。後人有詩曰：

三馬同槽事可疑，不知已植晉根基。曹瞞空有奸雄略，豈識朝中司馬師？

是夜操臥寢室，至三更，覺頭目昏眩，乃起，伏几而臥。忽聞殿中聲如裂帛，操驚視之，忽見伏皇后、董貴人、二皇子并伏完、董承等二十餘人，渾身血汙，立於愁雲之內，隱隱聞索命之聲。操急拔劍望空砍去，忽然一聲響亮，震塌殿宇西南一角。操驚倒於地，近侍救出，遷於別宮養病。次夜又聞殿外男女哭聲不絕。至曉，操召群臣入曰：「孤在戎馬之中，三十餘年，未嘗信怪異之事。今日為何如此？」群臣奏曰：「大王當命道士設醮修禳。」操歎曰：「聖人云：『獲罪於天，無所禱也。』孤天命已盡，安可救乎？」遂不允設醮。

次日，覺氣沖上焦，目不見物，急召夏侯惇商議。惇至殿門前，忽見伏皇后、董貴人、二皇子、伏完、董承等，

立在陰雲之中。惇大驚昏倒，左右扶出，自此得病。操召曹洪、陳羣、賈詡、司馬懿等，同至臥榻前，囑以後事。曹洪等頓首曰：「大王善保玉體，不日定當霍然。」操曰：「孤縱橫天下三十餘年，羣雄皆滅，止有江東孫權，西蜀劉備，未曾剿除。孤今病危，不能再與卿等相敍，特以家事相託：孤長子曹昂，劉氏所生，不幸早年歿於宛城。今卞氏生四子：丕、彰、植、熊。孤平生所愛第三子植，為人虛華少誠實，嗜酒放縱，因此不立；次子曹彰，勇而無謀；四子曹熊，多病難保；惟長子曹丕，篤厚恭謹，可繼我業。卿等宜輔佐之。」

曹洪等涕泣領命而出。操令近侍取平日所藏名香，分賜諸侍妾，且囑曰：「吾死之後，汝等須勤習女工，多造絲履，賣之可以得錢自給。」又命諸妾多居銅雀臺中，每日設祭，必令女伎奏樂上食。又遺命於彰德府講武城外，設立疑塚七十二，勿令後人知吾葬處：恐為人所發掘故也。囑畢，長歎一聲，淚如雨下。須臾，氣絕而死。壽六十六歲，時建安二十五年春正月也。後人有《鄴中歌》一篇，歎曹操云：

　　鄴則鄴城水彰水，定有異人從此起。雄謀韻事與文心，君臣兄弟而父子。英雄未有俗胸中，出沒豈隨人眼底？功首罪魁非兩人，遺臭流芳本一身。文章有神霸有氣，豈能苟爾化為羣？橫流築臺距太行，氣與理勢相低昂。安有斯人不作逆，小不為霸大不王？霸王降作兒女鳴，無可奈何中不平。向帳明知非有益，分香未可謂無情。嗚呼！古人作事無鉅細，寂寞豪華皆有意。書生輕議塚中人，塚中笑爾書生氣！

　　却說曹操身亡，文武百官，盡皆舉哀；一面遣人赴世子曹丕、鄢陵侯曹彰、臨淄侯曹植、蕭懷侯曹熊處報喪。眾官用金棺銀槨將操入殮，星夜舉靈櫬赴鄴郡來。曹丕聞知父喪，放聲痛哭，率大小官員出城十里，伏道迎櫬入城，停於偏殿。官僚挂孝，聚哭於殿上。忽一人挺身而出曰：「請世子息哀，且議大事。」眾視之，乃中庶子司馬孚也。孚曰：「魏王旣薨，天下震動；當早立嗣王，以安眾心，何但哭泣耶？」羣臣曰：「世子宜嗣位；但未得天子詔命，豈可造次而行？」兵部尚書陳矯曰：「王薨於外，愛子私立，彼此生變，則社稷危矣。」遂拔劍割下袍袖，厲聲曰：「卽今日便請世子嗣位。眾官有異議者，以此袍為例！」

94

百官悚懼。忽報華歆自許昌飛馬而至。眾皆大驚。須臾華歆入。眾問其來意。歆曰：「今魏王薨逝，天下震動，何不早請世子嗣位？」眾官曰：「正因不及候詔命，方議欲以王后卞氏慈旨立世子為王。」歆曰：「吾已於漢帝處索得詔命在此。」眾皆踴躍稱賀。歆於懷中取出詔命開讀。原來華歆諂事魏，故草此詔，威逼獻帝降之；帝只得聽從，故下詔即封曹丕為魏王、丞相、冀州牧。丕即日登位，受大小官僚拜舞起居。

正宴會慶賀間，忽報鄢陵侯曹彰，自長安領十萬大軍來到。丕大驚，遂問羣臣曰：「黃鬚小弟，平日性剛，深通武藝。今提兵遠來，必與孤爭王位也。如之奈何？」忽階下一人應聲出曰：「臣請往見鄢陵侯，以片言折之。」眾皆曰：「非大夫莫能解此禍也。」正是：試看曹氏丕彰事，幾作袁家譚尚爭。未知此人是誰，且看下文分解。

－－－－－－

① 雲漢－－銀河。

②　扁鵲－－姓秦，名越人，春秋時的名醫。

③　倉公－－姓淳于，名意，西漢時的名醫。

第七十九回　兄逼弟曹植賦詩　姪陷叔劉封伏法

　　却說曹丕聞曹彰提兵而來，驚問衆官；一人挺身而出，願往折服①之。衆視其人，乃諫議大夫賈逵也。曹丕大喜，卽命賈逵前往。逵領命出城，迎見曹彰。彰問曰：「先王璽綬安在？」逵正色而言曰：「家有長子，國有儲君，先王璽綬，非君侯之所宜問也。」彰默然無語，乃與賈逵同入城。至宮門前，逵問曰：「君侯此來，欲奔喪耶？欲爭位耶？」彰曰：「吾來奔喪，別無異心。」逵曰：「旣無異心，何故帶兵入城？」彰卽時叱退左右將士，隻身入內，拜見曹丕。兄弟二人，相抱大哭。曹彰將本部軍馬盡交與曹丕。丕令彰回鄢陵自守，彰拜辭而去。

　　於是曹丕安居王位，改建安二十五年為延康元年。封賈詡為太尉，華歆為相國，王朗為御史大夫。大小官僚，盡皆陞賞。諡曹操曰武王，葬於鄴郡高陵。令于禁董治陵事。禁奉命到彼，只見陵屋中白粉壁上，圖畫關雲長水淹七軍擒獲于禁之事：畫雲長儼然上坐，龐德憤怒不屈，于禁拜伏於地，哀求乞命之狀。原來曹丕以于禁兵敗被擒，

不能死節，旣降敵而復歸，心鄙其為人，故先令人圖畫陵屋粉壁，故意使之往見以愧之。當下于禁見此畫像，又羞又惱，氣憤成病，不久而死。後人有詩歎曰：

　　　　　三十年來說舊交，可憐臨難不忠曹。知人未向心中識，畫虎今從骨裏描。

　　却說華歆奏曹丕曰：「鄢陵侯已交割軍馬，赴本國去了；臨淄侯植，蕭懷侯熊，二人竟不來奔喪，理當問罪。」丕從之，卽分遣二使往二處問罪。不一日，蕭懷使者回報：「蕭懷侯曹熊懼罪，自縊身死。」丕令厚葬之，追贈蕭懷王。又過了一日，臨淄使者回報，說：「臨淄侯日與丁儀、丁廙兄弟二人酣飲，悖慢無禮；聞使命至，臨淄侯端坐不動。丁儀罵曰：『昔日先王本欲立吾主為世子，被讒臣所阻；今王喪未遠，便問罪於骨肉，何也？』丁廙又曰：『據吾主聰明冠世，自當承嗣大位，今反不得立。汝那廟堂之臣，何不識人才若此！』臨淄侯因怒叱武士，將臣亂棒打出。」

　　丕聞之，大怒，卽令許褚領虎衞軍三千，火速至臨淄

擒曹植等一干人來。褚奉命，引軍至臨淄城。守將攔阻，褚立斬之，直入城中，無一人敢當鋒銳，逕到府堂。只見曹植與丁儀、丁廙等盡皆醉倒。褚皆縛之，載於車上，并將府下大小屬官，盡行拿解鄴郡，聽候曹丕發落。丕下令，先將丁儀、丁廙等盡皆誅戮。丁儀字正禮，丁廙字敬禮，沛郡人，乃一時文士；及其被殺，人多惜之。

却說曹丕之母卞氏，聽得曹熊縊死，心甚悲傷；忽又聞曹植被擒，其黨丁儀等已殺，大驚。急出殿，召曹丕相見。丕見母出殿，慌來拜謁。卞氏哭謂丕曰：「汝弟植平生嗜酒疎狂，蓋因自恃胸中之才，故爾放縱。汝可念同胞之情，存其性命。吾至九泉亦瞑目也。」丕曰：「兒亦深愛其才，安肯害他？今正欲戒其性耳。母親勿憂。」

卞氏洒淚而入。丕出偏殿，召曹植入見。華歆問曰：「適來莫非太后勸殿下勿殺子建乎？」丕曰：「然。」歆曰：「子建懷才抱智，終非池中物；若不早除，必為後患。」丕曰：「母命不可違。」歆曰：「人皆言子建出口成章，臣未深信。主上可召入，以才試之。若不能，卽殺之；若果能，則貶之，以絕天下文人之口。」丕從之。須

臾，曹植入見，惶恐伏拜請罪。丕曰：「吾與汝情雖兄弟，義屬君臣；汝安敢恃才蔑禮？昔先君在日，汝常以文章誇示於人，吾深疑汝必用他人代筆。吾今限汝行七步吟詩一首。若果能，則免一死；若不能，則從重治罪，決不姑恕。」植曰：「願乞題目。」時殿上懸一水墨畫，畫着兩隻牛，鬥於土牆之下，一牛墜井而亡。丕指畫曰：「卽以此畫為題。詩中不許犯着『二牛鬥牆下，一牛墜井死』字樣。」植行七步，其詩已成。詩曰：

　　　　兩肉齊道行，頭上帶凹骨。相遇出②山下，欻起相搪突。二敵不俱剛，一肉臥土窟。非是力不如，盛氣不泄畢。

　　曹丕及羣臣皆驚。丕又曰：「七步成章，吾猶以為遲。汝能應聲而作詩一首否？」植曰：「願卽命題。」丕曰：「吾與汝乃兄弟也。以此為題。亦不許犯着『兄弟』字樣。」植略不思索，卽口占一首曰：

　　　　煮豆燃豆萁，豆在釜中泣。本是同根生，相煎何太急！

曹丕聞之，潛然淚下。其母卞氏，從殿後出曰：「兄何逼弟之甚耶？」丕慌忙離坐告曰：「國法不可廢耳。」於是貶曹植為安鄉侯。植拜辭上馬而去。

　　曹丕自繼位之後，法令一新，威逼漢帝，甚於其父。早有細作報入成都。漢中王聞之，大驚，即與文武商議曰：「曹操已死，曹丕繼位，威逼天子，更甚於操。東吳孫權，拱手稱臣。孤欲先伐東吳，以報雲長之讎；次討中原，以除亂賊。」言未畢，廖化出班，哭拜於地曰：「關公父子遇害，實劉封、孟達之罪。乞誅此二賊。」玄德便欲遣人擒之。孔明諫曰：「不可：且宜緩圖之。急則生變矣。可陞此二人為郡守，分調開去，然後可擒。」

　　玄德從之，遂遣使陞劉封去守綿竹。原來彭羕與孟達甚厚，聽知此事，急回家作書，遣心腹人馳報孟達。使者方出南門外，被馬超巡視軍捉獲，解見馬超。超審知此事，即往見彭羕。羕接入，置酒相待。酒至數巡，超以言挑之

曰：「昔漢中王待公甚厚，今何漸薄也？」羕因酒醉，恨
罵曰：「老革③荒悖，吾必有以報之！」超又探曰：「某
亦懷怨心久矣。」羕曰：「公起本部軍，結連孟達為外合，
某領川兵為內應，大事可圖也。」超曰：「先生之言甚當。
來日再議。」超辭了彭羕，即將人與書解見漢中王，細言
其事。玄德大怒，即令擒彭羕下獄，拷問其情。羕在獄中，
悔之無及。玄德問孔明曰：「彭羕有謀反之意，當何以治
之？」孔明曰：「羕雖狂士，然留之久必生禍。」於是玄
德賜彭羕死於獄。

　　羕既死，有人報知孟達。達大驚，舉止失錯。忽使命
至，調劉封回守綿竹去訖。孟達慌請上庸、房陵都尉申耽、
申儀弟兄二人商議曰：「我與法孝直同有功於漢中王；今
孝直已死，而漢中王忘我前功，乃欲見害，為之奈何？」
耽曰：「某有一計，使漢中王不能加害於公。」達大喜，
急問何計。耽曰：「吾弟兄欲投魏久矣；公可作一表，辭
了漢中王，投魏王曹丕，丕必重用。吾二人亦隨後來降
也。」達猛然省悟，即寫表一通，付與來使；當晚引五十
餘騎投魏去了。使命持表回成都，奏漢中王，言孟達投魏
之事。先主大怒。覽其表曰：

　　臣達伏惟殿下將建伊、呂之業，追桓、文之功，大事草創，假勢吳、楚，是以有為之士，望風歸順。臣委質以來，愆戾山積；臣猶自知，況於君乎？今王朝英俊鱗集，臣內無輔佐之器，外無將領之才，列次功臣，誠足自愧！

　　臣聞范蠡④識微，浮於五湖；舅犯⑤謝罪，逡巡河上。夫際會之間，請命乞身，何哉：欲潔去就之分也。況臣卑鄙，無元功巨勳，自繫於時，竊慕前賢，早思遠恥。昔申生至孝，見疑於親；子胥⑥至忠，見誅於君；蒙恬⑦拓境而被大刑，樂毅破齊而遭讒佞。臣每讀其書，未嘗不感慨流涕；而親當其事，益用傷悼！

　　邇者，荊州覆敗，大臣失節，百無一還；惟臣尋事，自致房陵、上庸，而復乞身自放於外。伏想殿下聖恩感悟，愍臣之心，悼臣之舉。臣誠小人，不能始終。知而為之，敢謂非罪？臣每聞『交絕無惡聲，去臣無怨辭』。臣過奉教於君子，願君王勉之。臣不勝惶恐之至！

玄德看畢，大怒曰：「匹夫叛吾，安敢以文辭相戲耶！」
即欲起兵擒之。孔明曰：「可就遣劉封進兵，令二虎相併；
劉封或有功，或敗績，必歸成都，就而除之，可絕兩害。」
玄德從之，遂遣使到綿竹，傳諭劉封。封受命，率兵來擒
孟達。

　　却說曹丕正聚文武議事，忽近臣奏曰：「蜀將孟達來
降。」丕召入問曰：「汝此來，莫非詐降乎？」達曰：
「臣為不救關公之危，漢中王欲殺臣，因此懼罪來降，別
無他意。」曹丕尚未准信，忽報劉封引五萬兵來取襄陽，
單搦孟達廝殺。丕曰：「汝既是真心，便可去襄陽取劉封
首級來，孤方准信。」達曰：「臣以利害說之，不必動兵，
令劉封亦來降也。」丕大喜，遂加孟達為散騎常侍、建武
將軍、平陽亭侯，領新城太守，去守襄陽、樊城。原來夏
侯尚、徐晃已先在襄陽，正將收取上庸諸部。孟達到了襄
陽，與二將禮畢，探得劉封離城五十里下寨。達即修書一
封，使人齎赴蜀寨招降劉封。劉封覽書大怒曰：「此賊誤
吾叔姪之義，又間吾父子之親，使吾為不忠不孝之人也！」
遂扯碎來書，斬其使。次日，引軍前來搦戰。

　　孟達知劉封扯書斬使，勃然大怒，亦領兵出迎。兩陣對圓，封立馬於門旗下，以刀指罵曰：「背國反賊，安敢亂言！」孟達曰：「汝死已臨頭，還自執迷不省！」封大怒，拍馬輪刀，直奔孟達。戰不三合，達敗走，封乘虛追殺二十餘里，一聲喊起，伏兵盡出。左邊夏侯尚殺來，右邊徐晃殺來，孟達回身復戰：三軍夾攻。劉封大敗而走，連夜奔回上庸，背後魏兵趕來。劉封到城下叫門，城上亂箭射下。申耽在敵樓上叫曰：「吾已降了魏也！」封大怒，欲要攻城，背後追軍將至。封立腳不牢，只得望房陵而奔，見城上已盡插魏旗。申儀在敵樓上將旗一颭，城後一彪軍出，旗上大書「右將軍徐晃」。封抵敵不住，急望西川而走。晃乘勢追殺。劉封部下只剩得百餘騎，到了成都，入見漢中王，哭拜於地，細奏前事。玄德怒曰：「辱子有何面目復來見吾！」封曰：「叔父之難，非兒不救，因孟達諫阻故耳。」玄德轉怒曰：「汝須食人食、穿人衣，非土木偶人！安可聽讒賊所阻！」命左右推出斬之。漢中王既斬劉封，後聞孟達招之，毀書斬使之事，心中頗悔；又哀痛關公，以致染病，因此按兵不動。

且說魏王曹丕，自卽王位，將文武官僚，盡皆陞賞；遂統甲兵三十萬，南巡沛國譙縣，大饗先塋。鄉中父老，揚塵遮道，奉觴進酒，效漢高祖還沛之事。人報大將軍夏侯惇病危，丕卽還鄴郡。時惇已卒，丕為挂孝，以厚禮殯葬。

是歲八月間，報稱石邑縣鳳凰來儀，臨淄城麒麟出現，黃龍現於鄴郡。於是中郎將李伏、太史丞許芝商議：種種瑞徵，乃魏當代漢之兆，可安排受禪之禮，令漢帝將天下讓於魏王。遂同華歆、王朗、辛毗、賈詡、劉廙、劉曄、陳矯、陳羣、桓階等，一班文武官僚，四十餘人，直入內殿，來奏漢獻帝，請禪位於魏王曹丕。正是：魏家社稷今將建，漢代江山忽已移。未知獻帝如何回答，且看下文分解。

------

① 折服——說服。

② 凼－同塊。

③ 老革－－革，兵革；猶言老兵，罵人的意思。

④ 范蠡－－春秋時楚國人。輔佐越王勾踐滅吳，官上將軍。他認為勾踐難與共安樂，於是辭去，變姓名，泛舟五湖。

⑤ 舅犯－－春秋時晉國的大夫。跟隨晉文公在外流亡十幾年，後來他們回國的時候，他恐怕晉文公忘了他的功勞而專記過失，於是向晉文公謝罪告別。

⑥ 子胥－－姓伍，名員，春秋時楚國人。輔佐吳王夫差，大破越國。後被讒自殺。

⑦ 蒙恬－－秦朝的大將，帶兵警備當時北方的外族，有功。後為趙高所害，自殺。

第八十回　曹丕廢帝篡炎劉　漢王正位續大統

却說華歆等一班文武，入見獻帝。歆奏曰：「伏覩魏王，自登位以來，德布四方，仁及萬物；越古超今，雖唐、虞無以過此。羣臣會議，言漢祚已終，望陛下效堯、舜之道，以山川社稷，禪與魏王：上合天心，下合民意。則陛下安享清閒之福；祖宗幸甚！生靈幸甚！臣等議定，特來奏請。」帝聞奏大驚，半晌無言，覷百官而哭曰：「朕想高祖提三尺劍，斬蛇起義，平秦滅楚，創造基業，世統相傳，四百年矣。朕雖不才，初無過惡，安忍將祖宗大業，等閒棄了？汝百官再從公計議。」

華歆引李伏、許芝近前奏曰：「陛下若不信，可問此二人。」李伏奏曰：「自魏王即位以來，麒麟降生，鳳凰來儀，黃龍出現，嘉禾蔚生，甘露下降：此是上天示瑞，魏當代漢之象也。」許芝又奏曰：「臣等職掌司天，夜觀乾象，見炎漢氣數已終，陛下帝星隱匿不明；魏國乾象，極天察地，言之難盡。更兼上應圖讖。其讖曰：『鬼在邊，委相連；當代漢，無可言。言在東，午在西；兩日並光上

下移。』以此論之，陛下可早禪位。『鬼在邊』，『委相連』，是『魏』字也；『言在東，午在西』，乃『許』字也；『兩日並光上下移』，乃『昌』字也：此是魏在許昌應受漢禪也。願陛下察之。」帝曰：「祥瑞圖讖，皆虛妄之事；奈何以虛妄之事，而遽欲朕舍祖宗之基業乎？」王朗奏曰：「自古以來，有興必有廢，有盛必有衰。豈有不亡之國、不敗之家乎？漢室相傳四百餘年，延至陛下，氣數已盡，宜早退避，不可遲疑；遲則生變矣。」帝大哭，入後殿去了。百官哂笑而退。

次日，官僚又集於大殿，令宦官入請獻帝。帝憂懼不敢出。曹后曰：「百官請陛下設朝，陛下何故推阻？」帝泣曰：「汝兄欲篡位，令百官相逼，朕故不出。」曹后大怒曰：「吾兄奈何為此亂逆之事耶！」言未畢，只見曹洪、曹休帶劍而入，請帝出殿。曹后大罵曰：「俱是汝等亂賊，希圖富貴，共造逆謀！吾父功蓋寰區，威震天下，然且不敢篡竊神器。今吾兄嗣位未幾，輒思篡漢，皇天必不祚爾！」言罷，痛哭入宮。左右侍者皆歔欷流涕。

曹洪、曹休力請獻帝出殿。帝被逼不過，只得更衣出

前殿。華歆奏曰：「陛下可依臣等昨日之議，免遭大禍。」帝痛哭曰：「卿等皆食漢祿久矣；中間多有漢朝功臣子孫，何忍作此不臣之事？」歆曰：「陛下若不從眾議，恐旦夕蕭牆禍起，非臣等不忠於陛下也。」帝曰：「誰敢弒朕耶？」歆屬聲曰：「天下之人，皆知陛下無人君之福，以致四方大亂！若非魏王在朝，弒陛下者，何止一人？陛下尚不知恩報德，直欲令天下人共伐陛下耶？」帝大驚，拂袖而起。王朗以目視華歆。歆縱步向前，扯住龍袍，變色而言曰：「許與不許，早發一言！」帝戰慄不能答。曹洪、曹休拔劍大呼曰：「符寶郎何在？」祖弼應聲出曰：「符寶郎在此！」曹洪索要玉璽。祖弼叱曰：「玉璽乃天子之寶，安得擅索！」洪喝令武士推出斬之。祖弼大罵不絕口而死。後人有詩讚曰：

　　　　姦宄專權漢室亡，詐稱禪位效虞唐。滿朝百辟皆尊魏，僅見忠臣符寶郎。

　　帝顫慄不已。只見階下披甲持戈數百餘人，皆是魏兵。帝泣謂羣臣曰：「朕願將天下禪於魏王，幸留殘喘，以終天年。」賈詡曰：「魏王必不負陛下。陛下可急降詔，以

安衆心。」帝只得令陳羣草禪國之詔,令華歆齎捧詔璽,引百官直至魏王宮獻納。曹丕大喜。開讀詔曰:

朕在位三十二年,遭天下蕩覆,幸賴祖宗之靈,危而復存。然今仰瞻天象,俯察民心,炎精之數旣終,行運在乎曹氏。是以前王旣樹神武之蹟,今王又光耀明德,以應其期。曆數昭明,信可知矣。夫大道之行,天下為公;唐堯不私於厥子,而名播於無窮:朕竊慕焉。今其追踵堯典,禪位於丞相魏王。王其毋辭!

曹丕聽畢,便欲受詔。司馬懿諫曰:「不可:雖然詔璽已至,殿下宜且上表謙辭,以絕天下之謗。」丕從之,令王朗作表,自稱德薄,請別求大賢以嗣天位。帝覽表,心甚驚疑,謂羣臣曰:「魏王謙遜,如之奈何?」華歆曰:「昔魏武王受王爵之時,三辭而詔不許,然後受之。今陛下可再降詔,魏王自當允從。」

帝不得已,又令桓階草詔,遣高廟使張音,持節奉璽至魏王宮。曹丕開讀詔曰:

　　咨爾魏王：上書謙讓。朕竊為漢道陵遲，為日已久；幸賴武王操，德膺符運，奮揚神武，芟除兇暴，清定區夏。今王丕纘承前緒，至德光昭，聲教被四海，仁風扇八區；天之曆數，實在爾躬。昔虞舜有大功二十，而放勳①禪以天下；大禹有疏導之績，而重華②禪以帝位。漢承堯運，有傳聖之義。加順靈祇，紹天明命，使行御史大夫張音，持節奉皇帝璽綬。王其受之！

　　曹丕接詔欣喜，謂賈詡曰：「雖二次有詔，然終恐天下後世，不免篡竊之名也。」詡曰：「此事極易。可再命張音齎回璽綬，却敎華歆令漢帝築一臺，名『受禪臺』；擇吉日良辰，集大小公卿，盡到臺下，令天子親奉璽綬，禪天下與王，便可以釋羣疑而絕衆議矣。」

　　丕大喜，卽令張音齎回璽綬，仍作表謙辭。音回奏獻帝。帝問羣臣曰：「魏王又讓，其意若何？」華歆奏曰：「陛下可築一臺，名曰『受禪臺』，聚集公卿庶民，明白禪位；則陛下子子孫孫，必蒙魏恩矣。」帝從之，乃遣太常院官，卜地於繁陽，築起三層高臺，擇於十月庚午日寅時禪讓。

至期，獻帝請魏王曹丕登臺受禪。臺下集大小官僚四百餘員，御林虎賁禁軍三十餘萬。帝親捧玉璽奉曹丕。丕受之。臺下群臣跪聽冊曰：

咨爾魏王：昔者唐堯禪位於虞舜，舜亦以命禹：天命不於常，惟歸有德。漢道陵遲，世失其序；降及朕躬，大亂滋昏：群凶恣逆，宇內顛覆。賴武王神武，拯茲難於四方，惟清區夏，以保綏我宗廟；豈予一人獲乂，俾九服實受其賜。今王欽承前緒，光於乃德；恢文武之大業，昭爾考之弘烈。皇靈降瑞，人神告徵；誕惟亮采，師錫朕命。僉曰：爾度克協於虞舜，用率我唐典，敬遜爾位。於戲！天之歷數在爾躬，君其祗順大禮，饗萬國以肅承天命！

讀冊已畢，魏王曹丕即受八般大禮，登了帝位。賈詡引大小官僚朝於臺下。改延康元年為黃初元年。國號大魏。丕即傳旨，大赦天下。諡父曹操為太祖武皇帝。華歆奏曰：「『天無二日，民無二王』。漢帝既禪天下，理宜退就藩服。乞降明旨，安置劉氏於何地？」言訖，扶獻帝跪於臺下聽旨。丕降旨封帝為山陽公，即日便行。華歆按劍指帝，

厲聲而言曰：「立一帝，廢一帝，古之常道！今上仁慈，不忍加害，封汝為山陽公。今日便行，非宣召不許入朝！」獻帝含淚拜謝，上馬而去。臺下軍民人等見之，傷感不已。丕謂羣臣曰：「舜、禹之事，朕知之矣！」羣臣皆呼萬歲。後人觀此受禪臺，有詩歎曰：

　　　　兩漢經營事頗難，一朝失却舊江山。黃初欲學唐虞事，司馬將來作樣看。

　　百官請曹丕答謝天地。丕方下拜，忽然臺前捲起一陣怪風，飛砂走石，急如驟雨，對面不見；臺上火燭，盡皆吹滅。丕驚倒於臺上，百官急救下臺，半晌方醒。侍臣扶入宮中，數日不能設朝。後病稍可，方出殿受羣臣朝賀。封華歆為司徒，王朗為司空。大小官僚，一一陞賞。丕疾未痊，疑許昌宮室多妖，乃自許昌幸洛陽，大建宮室。

　　早有人到成都，報說曹丕自立為大魏皇帝，於洛陽蓋造宮殿；且傳言漢帝已遇害。漢中王聞知，痛哭終日，下

令百官挂孝，遙望設祭，上尊諡曰「孝愍皇帝」。玄德因此憂慮，致染成疾，不能理事，政務皆託與孔明。孔明與太傅許靖、光祿大夫譙周商議，言天下不可一日無君，欲尊漢中王為帝。譙周曰：「近有祥風慶雲之瑞；成都西北角有黃氣數十丈，沖霄而起；帝星見於畢、胃、昴之分，煌煌如月：此正應漢中王當即帝位，以繼漢統。更復何疑？」

於是孔明與許靖，引大小官僚上表，請漢中王即皇帝位。漢中王覽表，大驚曰：「卿等欲陷孤為不忠不義之人耶？」孔明奏曰：「非也：曹丕篡漢自立，主上乃漢室苗裔，理合繼統以延漢祀。」漢中王勃然變色曰：「孤豈效逆賊所為！」拂袖而起，入於後宮。眾官皆散。三日後，孔明又引眾官入朝，請漢中王出。眾皆拜伏於前。許靖奏曰：「今漢天子已被曹丕所弒，王上不即帝位，興師討逆，不得為忠義也。今天下無不欲王上為君，為孝愍皇帝雪恨。若不從臣等所議，是失民望矣。」漢中王曰：「孤雖是景帝之孫，並未有德澤以布於民，今一旦自立為帝，與篡竊何異？」孔明苦勸數次，漢中王堅執不從。孔明乃設一計，謂眾官曰：「如此如此。」於是孔明託病不出。

　　漢中王聞孔明病篤，親到府中，直入臥榻邊問曰：「軍師所感何疾？」孔明答曰：「憂心如焚，命不久矣。」漢中王曰：「軍師所憂何事？」連問數次，孔明只推病重，瞑目不答。漢中王再三請問。孔明喟然歎曰：「臣自出茅廬，得遇大王，相隨至今，言聽計從；今幸大王有兩川之地，不負臣夙昔之言。目今曹丕篡位，漢祀將斬，文武官僚，咸欲奉大王為帝，滅魏興劉，共圖功名；不想大王堅執不肯，眾官皆有怨心，不久必盡散矣。若文武皆散，吳、魏來攻，兩川難保，臣安得不憂乎？」漢中王曰：「吾非推阻，恐天下人議論耳。」孔明曰：「聖人云：『名不正，則言不順。』今大王名正言順，有何可議？豈不聞『天與弗取，反受其咎』？」漢中王曰：「待軍師病可，行之未遲。」孔明聽罷，從榻上躍然而起，將屏風一擊，外面文武眾官皆入，拜伏於地曰：「王上既允，便請擇日以行大禮。」漢中王視之：乃是太傅許靖、安漢將軍麋竺、青衣侯向舉、陽泉侯劉豹、別駕趙祚、治中楊洪、議曹杜瓊、從事張爽、太常卿賴恭、光祿卿黃權、祭酒何宗、學士尹默、司業譙周、大司馬殷純、偏將軍張裔、少府王謀、昭文博士伊籍、從事郎秦宓等眾也。

　　漢中王驚曰：「陷孤於不義，皆卿等也。」孔明曰：「王上既允所請，便可築臺擇吉，恭行大禮。」即時送漢中王還宮，一面令博士許慈、諫議郎孟光掌禮，築臺於成都武擔之南。諸事齊備，多官整設鑾駕，迎請漢中王登壇致祭。譙周在壇上，高聲朗讀祭文曰：

　　　　惟建安二十六年四月丙午朔，越十二日丁巳，皇帝備，敢昭告於皇天后土：漢有天下，曆數無疆。曩者，王莽篡盜，光武皇帝震怒致誅，社稷復存。今曹操阻兵殘忍，戮殺主后，罪惡滔天；操子丕，載肆凶逆，竊據神器。羣下將士，以為漢祀墮廢，備宜延之，嗣武二祖，躬行天罰。備懼無德忝帝位，詢於庶民，外及遐荒君長，僉曰：天命不可以不答，祖業不可以久替，四海不可以無主。率土式望，在備一人。備畏天明命，又懼高、光之業，將墜於地，謹擇吉日，登壇祭告，受皇帝璽綬，撫臨四方。惟神饗祚漢家，永綏曆服！

　　讀罷祭文，孔明率眾官恭上玉璽。漢中王受了，捧於壇上，再三推讓曰：「備無才德，請擇有才德者受之。」

孔明奏曰：「王上平定四海，功德昭於天下，況是大漢宗派，宜卽正位。已祭告天神，復何讓焉？」文武各官，皆呼萬歲。拜舞禮畢，改元章武元年。立妃吳氏為皇后，長子劉禪為太子。封次子劉永為魯王，劉理為梁王。封諸葛亮為丞相，許靖為司徒。大小官僚，一一陞賞。大赦天下。兩川軍民，無不欣躍。

次日設朝，文武官僚拜畢，列為兩班。先主降詔曰：「朕自桃園與關、張結義，誓同生死；不幸二弟雲長，被東吳孫權所害。若不報讐，是負盟也。朕欲起傾國之兵，攻伐東吳，生擒逆賊，以雪此恨！」言未畢，班內一人，拜伏於階下，諫曰：「不可。」先主視之，乃虎威將軍趙雲也。正是：君王未及行天討，臣下曾聞進直言。未知子龍所諫若何，且看下文分解。

------

① 放勳——古代帝王唐堯的名字。相傳：因為虞舜有功，他就把帝位禪讓給舜。

②　重華－－古代帝王虞舜的名字。相傳：因為夏禹治水有功，他就把帝位禪讓給禹。

第八十一回　急兄讎張飛遇害　雪弟恨先主興兵

　　却說先主起兵東征。趙雲諫曰：「國賊乃曹操，非孫權也。今曹丕篡漢，神人共怒。陛下可早圖關中，屯兵渭河上流，以討凶逆，則關東義士，必裹糧策馬以迎王師；若舍魏以伐吳，兵勢一交，豈能驟解：願陛下察之。」先主曰：「孫權害了朕弟；又兼傅士仁、糜芳、潘璋、馬忠皆有切齒之讎；啖其肉而滅其族，方雪朕恨。卿何阻耶？」雲曰：「漢賊之讎，公也；兄弟之讎，私也。願以天下為重。」先主答曰：「朕不為弟報讎，雖有萬里江山，何足為貴？」遂不聽趙雲之諫，下令起兵伐吳；且發使往五谿，借番兵五萬，共相策應；一面差使往閬中，遷張飛為車騎將軍，領司隸校尉，封西鄉侯，兼閬中牧。使命齎詔而去。

　　却說張飛在閬中，聞知關公被東吳所害，旦夕號泣，血濕衣襟。諸將以酒勸解，酒醉，怒氣愈加。帳上帳下，但有犯者即鞭撻之；多有鞭死者。每日望南切齒睜目怒恨，放聲痛哭不已。忽報使至，慌忙接入，開讀詔旨。飛受爵望北拜畢，設酒款待來使。飛曰：「吾兄被害，讎深似海；

廟堂之臣，何不早奏興兵？」使者曰：「多有勸先滅魏而
後伐吳者。」飛怒曰：「是何言也！昔我三人桃園結義，
誓同生死；今不幸二兄半途而逝，吾安得獨享富貴耶！吾
當面見天子，願為前部先鋒，挂孝伐吳，生擒逆賊，祭告
二兄，以踐前盟！」言訖，就同使命望成都而來。

却說先主每日自下教場操演軍馬，剋日興師，御駕親
征。於是公卿都至丞相府中，見孔明曰：「今天子初臨大
位，親統軍伍，非所以重社稷也。丞相秉鈞衡之職，何不
規諫？」孔明曰：「吾苦諫數次，只是不聽。今日公等隨
我入教場諫去。」當下孔明引百官來奏先主曰：「陛下初
登寶位，若欲北討漢賊，以伸大義於天下，方可親統六師；
若只欲伐吳，命一上將統軍伐之可也，何必親勞聖駕？」
先主見孔明苦諫，心中稍回。忽報張飛到來，先主急召入。
飛至演武廳拜伏於地，抱先主足而哭。先主亦哭。飛曰：
「陛下今日為君，早忘了桃園之誓！二兄之讎，如何不
報？」先主曰：「多官諫阻，未敢輕舉。」飛曰：「他人
豈知昔日之盟？若陛下不去，臣捨此軀與二兄報讎！若不
能報時，臣寧死不見陛下也！」先主曰：「朕與卿同往：
卿提本部兵，自閬州而出；朕統精兵會於江州。共伐東吳，

以雪此恨。」飛臨行,先主囑曰:「朕素知卿酒後暴怒,
鞭撻健兒,而復令在左右:此取禍之道也。今後務宜寬容,
不可如前。」飛拜辭而去。

　　次日,先生整兵要行。學士秦宓奏曰:「陛下捨萬乘
之軀,而徇小義,古人所不取也:願陛下思之。」先生曰:
「雲長與朕,猶一體也。大義尚在,豈可忘耶?」宓伏地
不起曰:「陛下不從臣言,誠恐有失。」先主大怒曰:
「朕欲興兵,爾何出此不利之言!」叱武士推出斬之。宓
面不改色,回顧先主而笑曰:「臣死無恨,但可惜新創之
業,又將顛覆耳!」眾官皆為秦宓告免。先主曰:「暫且
囚下,待朕報讎回時發落。」孔明聞知,即上表救秦宓。
其略曰:

　　　臣亮等切以吳賊逞奸詭之計,致荊州有覆亡之禍;
損將星於斗、牛,折天柱於楚地:此情哀痛,誠不可忘。
但念遷漢鼎者,罪由曹操;移劉祚者,過非孫權。竊謂魏
賊若除,則吳自賓服。願陛下納秦宓金石之言,以養士卒
之力,別作良圖,則社稷幸甚!天下幸甚!

　　先主看畢，擲表於地曰：「朕意已決，無得再諫！」
遂命丞相諸葛亮保太子守兩川；驃騎將軍馬超并弟馬岱，
助鎮北將軍魏延守漢中，以當魏兵；虎威將軍趙雲為後應，
兼督糧草；黃權、程畿為參謀；馬良、陳震掌理文書；黃
忠為前部先鋒；馮習、張南為副將；傅彤、張翼為中軍護
尉；趙融、廖淳為合後。川將數百員，并五谿番將等，共
兵七十五萬。擇定章武元年七月丙寅日出師。

　　却說張飛回到閬中，下令軍中：限三日內製辦白旗
白甲，三軍挂孝伐吳。次日，帳下兩員末將，范彊、張達
入帳告曰：「白旗白甲，一時無措，須寬限方可。」飛大
怒曰：「吾急欲報讎，恨不明日便到逆賊之境。汝安敢違
我將令！」叱武士縛於樹上，各鞭背五十。鞭畢，以手指
之曰：「來日俱要完備！若違了限，卽殺汝二人示衆！」
打得二人滿口出血，回到營中商議。范彊曰：「今日受了
刑責，着我等如何辦得？其人性暴如火。倘來日不完，你
我皆被殺矣！」張達曰：「比如他殺我，不如我殺他。」
彊曰：「怎奈不得近前。」達曰：「我兩個若不當死，則

123

他醉於牀上；若是當死，則他不醉。」二人商議停當。

　　却說張飛在帳中，神思昏亂，動止恍惚，乃問部將曰：「吾今心驚肉顫，坐臥不安，此何意也？」部將答曰：「此是君侯思念關公，以致如此。」飛令人將酒來，與部將同飲，不覺大醉，臥於帳中。范、張二賊，探知消息，初更時分，各藏短刀，密入帳中，詐言欲稟機密重事，直至牀前。原來張飛每睡不合眼。當夜寢於帳中，二賊見他鬚豎目張，本不敢動手；因聞鼻息如雷，方敢近前，以短刀刺入飛腹。飛大叫一聲而亡。時年五十五歲。後人有詩歎曰：

　　　　安喜曾聞鞭督郵，黃巾掃盡佐炎劉。虎牢關上聲先震，長坂橋邊水逆流。義釋嚴顏安蜀境，智欺張郃定中州。伐吳未克身先死，秋草長遺閬地愁。

　　却說二賊當夜割了張飛首級，便引數十人連夜投東吳去了。次日，軍中聞知，起兵追之不及。時有張飛部將吳班，向自荊州來見先主，先主用為牙門將，使佐張飛守閬中。當下吳班先發表章，奏知天子；然後令長子張苞具棺

槨盛貯，令弟張紹守閬中，苞自來報先主。時先主已擇期
出師。大小官僚，皆隨孔明送十里方回。孔明回至成都，
怏怏不樂，顧謂眾官曰：「法孝直若在，必能制主上東行
也。」

却說先主是夜心驚肉顫，寢臥不安。出帳仰觀天文，
見西北一星，其大如斗，忽然墜地。先主大疑，連夜令人
求問孔明。孔明回奏曰：「合損一上將。三日之內，必有
驚報。」先主因此按兵不動。忽侍臣奏曰：「閬中張車騎
部將吳班，差人齎表至。」先主頓足曰：「噫！三弟休
矣！」及至覽表，果報張飛凶信。先主放聲大哭，昏絕於
地。眾官救醒。次日，人報一隊軍馬驟風而至。先主出營
觀之。良久，見一員小將，白袍銀鎧，滾鞍下馬，伏地而
哭：乃張苞也。苞曰：「范彊、張達殺了臣父，將首級投
東吳去了！」先主哀痛至甚，飲食不進。羣臣苦諫曰：
「陛下方欲為二弟報讎，何可先自摧殘龍體？」先主方纔
進膳；遂謂張苞曰：「卿與吳班，敢引本部軍作先鋒，為
卿父報讎否？」苞曰：「為國為父，萬死不辭！」先主正

欲遣苞起兵，又報一彪軍風擁而至。先主令侍臣探之。須臾，侍臣引一小將軍，白袍銀鎧，入營伏地而哭。先主視之，乃關興也。先主見了關興，想起關公，又放聲大哭。眾官苦勸。先主曰：「朕想布衣時，與關、張結義，誓同生死；朕今為天子，正欲與兩弟共享富貴，不幸俱死於非命！見此二姪，能不斷腸！」

言訖又哭。眾官曰：「二小將軍且退。容聖上將息龍體。」侍臣奏曰：「陛下年過六旬，不宜過於哀痛。」先主曰：「二弟俱亡，朕安忍獨生！」言訖，以頭頓地而哭。多官商議曰：「今天子如此煩惱，將何解勸？」馬良曰：「主上親統大兵伐吳，終日號泣，於軍不利。」陳震曰：「吾聞成都青城山之西，有一隱者：姓李，名意。世人傳說此老已三百餘歲，能知人之生死吉凶，乃當世之神仙也。何不奏知天子，召此老來，問他吉凶？勝如吾等之言。」遂入奏先主。先主從之，即遣陳震齎詔，往青城山宣召。震星夜到了青城，令鄉人引入山谷深處，遙望仙莊，清雲隱隱，瑞氣非凡。忽見一小童來迎曰：「來者莫非陳孝起乎？」震大驚曰：「仙童如何知我姓字？」童子曰：「吾師昨者有言：『今日必有皇帝詔命至；使者必是陳孝

起。』」震曰：「眞神仙也！人言信不誣矣！」遂與小童
同入仙莊，拜見李意，宣天子詔命。李意推老不行。震曰：
「天子急欲見仙翁一面，幸勿吝鶴駕。」再三敦請，李意
方行。旣至御營，入見先主。先主見李意鶴髮童顏，碧眼
方瞳，灼灼有光，身如古柏之狀，知是異人，優禮相待。
李意曰：「老夫乃荒山村叟，無學無識。辱陛下宣召，不
知有何見諭？」先主曰：「朕與關、張二弟結生死之交，
三十餘年矣。今二弟被害，親統大軍報讎，未知休咎如何。
久聞仙翁通曉玄機，望乞賜教。」李意曰：「此乃天數，
非老夫所知也。」先主再三求問，意乃索紙筆畫兵馬器械
四十餘張，畫畢便一一扯碎。又畫一大人仰臥於地上，傍
邊一人掘土埋之，上寫一大「白」字，遂稽首而去。先主
不悅，謂羣臣曰：「此狂叟也！不足為信！」卽以火焚之，
便催軍前進。

　　張苞入奏曰：「吳班軍馬已至。小臣乞為先鋒。」先
主壯其志，卽取先鋒印賜張苞。苞方欲挂印，又一少年將
奮然出曰：「留下印與我！」視之，乃關興也。苞曰：
「我已奉詔矣。」興曰：「汝有何能，敢當此任？」苞曰：
「我自幼習學武藝，箭無虛發。」先主曰：「朕正要觀賢

127

姪武藝,以定優劣。」苞令軍士於百步之外,立一面旗,旗上畫一紅心。苞拈弓取箭,連射三箭,皆中紅心。眾皆稱善。關興挽弓在手曰:「射中紅心,何足為奇!」正言間,忽值頭上一行雁過。興指曰:「吾射這飛雁第三隻。」一箭射去,那隻雁應弦而落。文武官僚,齊聲喝采。苞大怒,飛身上馬,手挺父所使丈八點鋼矛,大叫曰:「你敢與我比試武藝否!」興亦上馬,綽家傳大砍刀縱馬而出曰:「偏你能使矛!吾豈不能使刀!」

　　二將方欲交鋒,先主喝曰:「二子休得無禮!」興、苞二人慌忙下馬,各棄兵器,拜伏請罪。先主曰:「朕自涿郡與卿等之父結異姓之交,親如骨肉;今汝二人亦是昆仲之分,正當同心協力,共報父讎;奈何自相爭競,失其大義!父喪未遠而猶如此,況日後乎?」二人再拜伏罪。先主問曰:「卿二人誰年長?」苞曰:「臣長關興一歲。」先主即命興拜苞為兄。二人就帳前折箭為誓,永相救護。先主下詔使吳班為先鋒,令張苞、關興護駕。水陸並進,船騎雙行。浩浩蕩蕩,殺奔吳國來。

　　却說范彊、張達將張飛首級，投獻吳侯，細告前事。孫權聽罷，收了二人，乃謂百官曰：「今劉玄德即了帝位，統精兵七十餘萬，御駕親征，其勢甚大，如之奈何？」百官盡皆失色，面面相覷。諸葛瑾出曰：「某食君侯之祿久矣；無可報効，願捨殘生，去見蜀主，以利害說之，使兩國相和，共討曹丕之罪。」權大喜，即遣諸葛瑾為使，來說先主罷兵。正是：兩國相爭通使命，一言解難賴行人。未知諸葛瑾此去如何，且看下文分解。

第八十二回　孫權降魏受九錫　先主征吳賞六軍

　　却說章武元年秋八月，先主起大軍至夔關，駕屯白帝城。前隊軍馬已出川口。近臣奉曰：「吳使諸葛瑾至。」先主傳旨教休放入。黃權奏曰：「瑾弟在蜀為相，必有事而來。陛下何故絕之？當召入，看他言語。可從則從；如不可，則就借彼口說與孫權，令知問罪有名也。」先主從之，召瑾入城。瑾拜伏於地。先主問曰：「子瑜遠來，有何事故？」瑾曰：「臣弟久事陛下，臣故不避斧鉞，特來奏荊州之事：前者，關公在荊州時，吳侯數次求親，關公不允。後關公取襄陽，曹操屢次致書吳侯，使襲荊州；吳侯本不肯許，因呂蒙與關公不睦，故擅自興兵，誤成大事。今吳侯悔之不及。此乃呂蒙之罪，非吳侯之過也。今呂蒙已死，冤讎已息。孫夫人一向思歸。今吳侯令臣為使，願送歸夫人，縛還降將，並將荊州仍舊交還，永結盟好，共滅曹丕，以正篡逆之罪。」先主怒曰：「汝東吳害了朕弟，今日敢以巧言來說乎！」瑾曰：「臣請以輕重大小之事，與陛下論之：陛下乃漢朝皇叔，今漢帝已被曹丕篡奪，不思剿除，却為異姓之親，而屈萬乘之尊，是捨大義而就小

義也。中原乃海內之地，兩都皆大漢創業之方，陛下不取，而但爭荊州，是棄重而取輕也。天下皆知陛下即位，必興漢室，恢復山河；今陛下置魏不問，反欲伐吳：竊為陛下不取。」先主大怒曰：「殺吾弟之讎，不共戴天！欲朕罷兵，除死方休！不看丞相之面，先斬汝首！今且放汝回去，說與孫權：洗頸就戮！」諸葛瑾見先主不聽，只得自回江南。

却說張昭見孫權曰：「諸葛子瑜知蜀兵勢大，故假以講和為辭，欲背吳入蜀。此去必不回矣。」權曰：「孤與子瑜，有生死不易之盟。孤不負子瑜，子瑜亦不負孤。昔子瑜在柴桑時，孔明來吳，孤欲使子瑜留之。子瑜曰：『弟已事玄德，義無二心；弟之不留，猶瑾之不往。』其言足貫神明。今日豈肯降蜀乎？孤與子瑜可謂神交，非外言所得間也。」正言間，忽報諸葛瑾回。權曰：「孤言若何？」張昭滿面羞慚而退。瑾見孫權，言先主不肯通和之意。權大驚曰：「若如此，則江南危矣！」陛下一人進曰：「某有一計，可解此危。」視之，乃中大夫趙咨也。權曰：

「德度有何良策？」咨曰：「主公可作一表，某願為使，往見魏帝曹丕，陳說利害，使襲漢中，則蜀兵自危矣。」權曰：「此計最善。但卿此去，休失了東吳氣象。」咨曰：「若有些小差失，則投江而死，安有面目見江南人物乎？」

權大喜，即寫表稱臣，令趙咨為使。星夜到了許都，先見太尉賈詡等，并大小官僚。次日早朝，賈詡出班奏曰：「東吳遣中大夫趙咨上表。」曹丕笑曰：「此欲退蜀兵故也。」即令召入。咨拜伏於丹墀。丕覽表畢，遂問咨曰：「吳侯乃何如主也？」咨曰：「聰明、仁智、雄略之主也。」丕笑曰：「卿褒獎毋乃太甚？」咨曰：「臣非過譽也：吳侯納魯肅於凡品，是其聰也；拔呂蒙於行陣，是其明也；獲于禁而不害，是其仁也；取荊州兵而不血刃，是其智也；據三江虎視天下，是其雄也；屈身於陛下，是其略也：以此論之，豈不為聰明、仁智、雄略之主乎？」丕又問曰：「吳主頗知學乎？」咨曰：「吳主浮江萬艘，帶甲百萬，任賢使能，志存經略；少有餘閒，博覽書傳，歷觀史籍，採其大旨，不效書生尋章摘句而已。」丕曰：「朕欲伐吳，可乎？」咨曰：「大國有征伐之兵，小國有禦備之策。」丕曰：「吳畏魏乎？」咨曰：「帶甲百萬，

江、漢為池，何畏之有？」丕曰：「東吳如大夫者幾人？」咨曰：「聰明特達者八九十人；如臣之輩，車載斗量，不可勝數。」丕歎曰：「『使於四方，不辱君命』，卿可以當之矣。」

於是即降詔，命太常卿邢貞齎冊封孫權為吳王，加九錫。趙咨謝恩出城。大夫劉曄諫曰：「今孫權懼蜀兵之勢，故來請降。以臣愚見，蜀、吳交兵，乃天亡之也。今若遣上將提數萬之兵，渡江襲之，蜀攻其外，魏攻其內，吳國之亡，不出旬日。吳亡則蜀孤矣。陛下何不早圖之？」丕曰：「孫權既已禮服朕，朕若攻之，是沮天下欲降者之心；不若納之為是。」劉曄又曰：「孫權雖有雄才，乃殘漢驃騎將軍南昌侯之職。官輕則勢微，尚有畏中原之心；若加以王位，則去陛下一階耳。今陛下信其詐降，崇其位號以封殖之，是與虎添翼也。」丕曰：「不然：朕不助吳，亦不助蜀。待看吳、蜀交兵，若滅一國，止存一國，那時除之，有何難哉？朕意已決，卿勿復言。」遂命太常卿邢貞同趙咨捧執冊錫，逕至東吳。

却說孫權聚集百官，商議禦蜀之策。忽報魏帝封主公

為王，禮當遠接。顧雍諫曰：「主公宜自稱上將軍九州伯之位，不當受魏帝封爵。」權曰：「當日沛公受項羽之封①，蓋因時也；何故却之？」遂率百官出城迎接。邢貞自恃上國天使，入門不下車，張昭大怒，厲聲曰：「禮無不敬，法無不肅，而君敢自尊大，豈以江南無方寸之刃耶？」邢貞慌忙下車，與孫權相見，並車入城。忽車後一人放聲哭曰：「吾等不能奮身捨命，為主併魏吞蜀，乃令主公受人封爵，不亦辱乎！」衆視之，乃徐盛也。邢貞聞之，歎曰：「江東將相如此，終非久在人下者也！」

却說孫權受了封爵，衆文武官僚拜賀已畢，命收拾美玉明珠等物，遣人齎進謝恩。早有細作報說：「蜀主引本國大兵，及蠻王沙摩柯番兵數萬，又有洞溪漢將杜路、劉寧二枝兵，水陸並進，聲勢震天。水路軍已出巫口，旱路軍已到秭歸。」時孫權雖登王位，奈魏王不肯接應，乃問文武曰：「蜀兵勢大，當復如何？」衆皆默然。權歎曰：「周郎之後有魯肅；魯肅之後有呂蒙；今呂蒙已亡，無人與孤分憂也！」言未畢，忽班部中一少年將，奮然而出，

伏地奏曰：「臣雖年幼，頗習兵書。願乞數萬之兵，以破蜀兵。」權視之，乃孫桓也。桓字叔武，其父名河，本姓俞氏，孫策愛之，賜姓孫；因此亦係吳王宗族。河生四子。桓居其長，弓馬熟嫻，常從吳王征討，累立奇功，官授武衛都尉；時年二十五歲。權曰：「汝有何策勝之？」桓曰：「臣有大將二員：一名李異，一名謝旌，俱有萬夫不當之勇。乞數萬之眾，往擒劉備。」權曰：「姪雖英勇，爭奈年幼；必得一人相助，方可。」虎威將軍朱然出曰：「臣願與小將軍同擒劉備。」權許之，遂點水陸軍五萬，封孫桓為左都督，朱然為右都督，即日起兵。哨馬探得蜀兵已至宜都下寨，孫桓引二萬五千軍馬，屯於宜都界口，前後分作三營，以拒蜀兵。

却說蜀將吳班領先鋒之印，自出川以來，所到之處，望風而降；兵不血刃，直到宜都；探知孫桓在彼下寨，飛奏先主。時先主已到秭歸，聞奏怒曰：「量此小兒，安敢與朕抗耶！」關興奏曰：「既孫權令此子為將，不勞陛下遣大將，臣願往擒之。」先主曰：「朕正欲觀汝壯氣。」即命關興前往。興拜辭欲行，張苞出曰：「既關興前去討賊，臣願同行。」先主曰：「二姪同行甚妙；但須謹慎，

不可造次。」

二人拜辭先主，會合先鋒，一同進兵，列成陣勢。孫
桓聽知蜀兵大至，合寨多起。兩陣對圓，桓領李異、謝旌
立馬於門旗之下，見蜀營中，擁出二員大將，皆銀盔銀鎧，
白馬白旗：上首張苞挺丈八點鋼矛，下首關興橫着大砍刀。
苞大罵曰：「孫桓豎子！死在臨時，尚敢抗拒天兵乎！」
桓亦罵曰：「汝父已作無頭之鬼；今汝又來討死，好生不
智！」張苞大怒，挺鎗直取孫桓。桓背後謝旌，驟馬來迎。
兩將戰有三十餘合，旌敗走，苞乘勝趕來。李異見謝旌敗
了，慌忙拍馬掄蘸金斧接戰。張苞與戰二十餘合，不分勝
負。吳軍中裨將譚雄，見張苞英勇，李異不能勝，却放一
冷箭，正射中張苞所騎之馬。那馬負痛奔回本陣，未到門
旗邊，撲地便倒，將張苞掀在地上。李異急向前掄起大斧，
望張苞腦袋便砍。忽一道紅光閃處，李異頭早落地：原來
關興見張苞馬回，正待接應，忽見張苞馬倒，李異趕來；
興大喝一聲，劈李異於馬下，救了張苞，乘勢掩殺。孫桓
大敗。各自鳴金收軍。

次日，孫桓又引軍來。張苞、關興齊出。關興立馬於

陣前，單搦孫桓交鋒。桓大怒，拍馬揮刀，與關興戰三十餘回，氣力不加，大敗回陣。二小將追殺入營，吳班引着張南、馮習驅兵掩殺。張苞奮勇當先，殺入吳軍，正遇謝旌，被張苞一矛刺死。吳軍四散奔走。蜀將得勝收兵，只不見了關興。張苞大驚曰：「安國有失，吾不獨生！」言訖，綽鎗上馬。尋不數里，只見關興左手提刀，右手活挾一將。苞問曰：「此是何人？」興笑答曰：「吾在亂軍中，正遇讎人，故生擒來。」苞視之：乃昨日放冷箭的譚雄也。苞大喜，同回本營，斬首瀝血，祭了死馬。遂寫表差人赴先主處報捷。

孫桓折了李異、謝旌、譚雄等許多將士，力窮勢孤，不能抵敵，及差人回吳求救。蜀將張南、馮習謂吳班曰：「目今吳兵勢敗，正好乘虛劫寨。」班曰：「孫桓雖然折了許多將士，朱然水軍，見今結營江上，未曾損折。今日若去劫寨，倘水軍上岸，斷我歸路，如之奈何？」南曰：「此事至易：可敎關、張二將軍，各引五千軍伏於山谷中；如朱然來救，左右兩軍齊出夾攻，必然取勝。」班曰：「不如先使小卒，詐作降兵，却將劫寨事告知朱然；然見火起，必來救應，却令伏兵擊之，則大事濟矣。」馮習等

大喜，遂依計而行。

　　却說朱然聽知孫桓損兵折將，正欲來救，忽伏路軍引幾個小卒上船投降。然問之，小卒曰：「我等是馮習帳下士卒，因賞罰不明，特來投降，就報機密。」然曰：「所報何事？」小卒曰：「今晚馮習乘虛要劫孫將軍營寨，約定舉火為號。」朱然聽畢，即使人報知孫桓。報事人行至半途，被關興殺了。朱然一面商議，欲引兵去救應孫桓。部將崔禹曰：「小卒之言，未可深信。倘有疎虞，水陸二軍，盡皆休矣。將軍只宜穩守水寨，某願替將軍一行。」然從之，遂令崔禹引一萬軍前去。是夜馮習、張南、吳班分兵三路，直殺入孫桓寨中，四面火起，吳兵大亂，尋路奔走。

　　且說崔禹正行之間，忽見火起，急催兵前進。剛纔轉過山來，忽山谷鼓聲大震：左邊關興，右邊張苞，兩路夾攻。崔禹大驚，方欲奔走，正遇張苞；交馬只一合，被苞生擒而回。朱然聽知危急，將船往下水退五六十里去了。孫桓引敗軍逃走，問部將曰：「前去何處城堅糧廣？」部將曰：「此去正北彝陵城，可以屯兵。」桓引敗軍急望彝

陵而走。方進得城，吳班等追至，將城四面圍定。關興、張苞等解崔禹到秭歸來。先主大喜，傳旨將崔禹斬却，大賞三軍。自此威風震動，江南諸將，無不膽寒。

　　却說孫桓令人求救於吳王，吳王大驚，卽召文武商議曰：「今孫桓受困於彝陵，朱然大敗於江中：蜀兵勢大，如之奈何？」張昭奏曰：「今諸將雖多物故②，然尚有十餘人，何慮於劉備？可命韓當為正將，周泰為副將，潘璋為先鋒，凌統為合後，甘寧為救應，起兵十萬拒之。」權依所奏，卽命諸將速行。此時甘寧已患痢疾，帶病從征。

　　却說先主從巫峽建平起，直接彝陵界分，七十餘里，連結四十餘寨；見關興、張苞屢立大功，歎曰：「昔日從朕諸將，皆老邁無用矣；復有二姪如此英雄，朕何慮孫權乎！」正言間，忽報韓當、周泰領兵來到。先主方欲遣將迎敵，近臣奏曰：「老將黃忠，引五六人投東吳去了。」先主笑曰：「黃漢升非反叛之人也；因朕失口誤言老者無用，彼必不服老，故奮力去相持矣。」卽召關興、張苞曰：

「黃漢升此去必然有失。賢姪休辭勞苦，可去相助。略有微功，便可令回，勿使有失。」二小將拜辭先主，引本部軍來助黃忠。正是：老臣素矢忠君志，年少能成報國功。未知黃忠此去如何，且看下文分解。

—————

① 沛公受項羽之封－－劉邦、項羽共同滅秦之後，劉邦當時勢力不及項羽，曾接受項羽所給的「漢王」的封號。

② 物故－－死亡。

第八十三回　戰猇亭先主得讎人　守江口書生拜大將

　　却說章武二年春正月，武威後將軍黃忠隨先主伐吳；忽聞先主言老將無用，即提刀上馬，引親隨五六人，逕到彝陵營中。吳班與張南、馮習接入，問曰：「老將軍此來，有何事故？」忠曰：「吾自長沙跟天子到今，多負勤勞。今雖七旬有餘，尚食肉十斤，臂開二石之弓，能乘千里之馬，未足為老。昨日主上言吾等老邁無用，故來此與東吳交鋒，看吾斬將，老也不老！」

　　正言間，忽報吳兵前部已到，哨馬臨營。忠奮然而起，出帳上馬。馮習等勸曰：「老將軍且休輕進。」忠不聽，縱馬而去。吳班令馮習引兵助戰。忠在吳軍陣前，勒馬橫刀，單搦先鋒潘璋交戰。璋引部將史蹟出馬。蹟欺忠年老，挺鎗出戰；鬥不三合，被忠一刀斬於馬下。潘璋大怒，揮關公使的青龍刀，來戰黃忠。交馬數合，不分勝負。忠奮力惡戰，璋料敵不過，撥馬便走。忠乘勢追殺，全勝而回。路逢關興、張苞。興曰：「我等奉聖旨來助老將軍；既已立了功，速請回營。」忠不聽。

次日，潘璋又來搦戰。黃忠奮然上馬。興、苞二人要助戰，忠不從；吳班要助戰，忠亦不從；只自引五千軍出迎。戰不數合，璋拖刀便走。忠縱馬追之，厲聲大叫曰：「賊將休走！吾今為關公報讎！」追至三十餘里，四面喊聲大震，伏兵齊出：右邊周泰，左邊韓當，前有潘璋，後有凌統，把黃忠困在垓心。忽然狂風大起，忠急退時，山坡上馬忠引一軍出，一箭射中黃忠肩窩，險些兒落馬。吳兵見忠中箭，一齊來攻。忽後面喊聲大起，兩路軍殺來，吳兵潰散，救出黃忠——乃關興、張苞也。二小將保送黃忠逕到御前營中。忠年老血衰，箭瘡痛裂，病甚沈重。先主御駕自來看視，撫其背曰：「令老將軍中傷，朕之過也！」忠曰：「臣乃一武夫耳，幸遇陛下。臣今年七十有五，壽亦足矣。望陛下善保龍體，以圖中原！」言訖，不省人事。是夜殞於御營。後人有詩歎曰：

老將說黃忠，收川立大功。重披金鎖甲，雙挽鐵胎弓。膽氣驚河北，威名鎮蜀中。臨亡頭似雪，猶自顯英雄。

先主見黃忠氣絕，哀傷不已，敕具棺槨，葬於成都。先主歎曰：「五虎大將，已亡三人。朕尚不能復讎，深可痛哉！」乃引御林軍直至猇亭，大會諸將，分軍八路，水陸俱進。水路令黃權領兵，先主自率大軍於旱路進發：時章武二年二月中旬也。

韓當、周泰聽知先主御駕來征，引兵出迎。兩陣對圓，韓當、周泰出馬，只見蜀營門旗開處，先主自出，黃羅銷金傘蓋，左右白旄黃鉞，金銀旌節，前後圍繞。當大叫曰：「陛下今為蜀主，何自輕出？倘有疏虞，悔之何及！」先主遙指罵曰：「汝等吳狗，傷朕手足，誓不與立於天地之間！」當回顧眾將曰：「誰敢衝突蜀兵？」部將夏恂，挺鎗出馬。先主背後張苞挺丈八矛，縱馬而出，大喝一聲，直取夏恂。恂見苞聲若巨雷，心中驚懼；恰待要走，周泰弟周平見恂抵敵不住，揮刀縱馬而來。關興見了，躍馬提刀來迎。張苞大喝一聲，一矛刺中夏恂，倒撞下馬。周平大驚，措手不及，被關興一刀斬了。二小將便取韓當、周泰。韓、周二人，慌退入陣。先主見之，歎曰：「虎父無犬子也！」用御鞭一指，蜀兵一齊掩殺過去，吳兵大敗。那八路兵，勢如泉湧，殺的那吳軍屍橫遍野，血流成河。

　　却說甘寧正在船中養病，聽知蜀兵大至，火急上馬，正遇一彪蠻兵，人皆披髮跣足，皆使弓弩長鎗，搪牌刀斧；為首乃是番王沙摩柯，生得面如噀血，碧眼突出，使一個鐵蒺藜骨朵①，腰帶兩張弓，威風抖擻。甘寧見其勢大，不敢交鋒，撥馬而走；被沙摩柯一箭射中頭顱。寧帶箭而走，到於富池口，坐於大樹之下而死。樹上羣鴉數百，圍繞其屍。吳王聞之，哀痛不已，具禮厚葬，立廟祭祀。後人有詩歎曰：

　　　　吳郡甘興霸，長江錦幔舟。酬君重知己，報友化仇讎。劫寨將輕騎，驅兵飲巨甌。神鴉能顯聖，香火永千秋。

　　却說先主乘勢追殺，遂得猇亭。吳兵四散逃走。先主收兵，只不見關興。先主慌令張苞等四面跟尋。原來關興殺入吳陣，正遇讎人潘璋，驟馬追之。璋大驚，奔入山谷內，不知所往。興尋思只在山裏，往來尋覓不見。看看天晚，迷蹤失路。幸得星月有光。追至山僻之間，時已二更。到一莊上，下馬叩門。一老者出問何人。興曰：「吾是戰

144

將，迷路到此，求一飯充飢。」老人引入，興見堂內點着明燭，中當繪畫關公神像。興大哭而拜。老人問曰：「將軍何故哭拜？」興曰：「此吾父也。」老人聞言，即便下拜。興曰：「何故供養吾父？」老人答曰：「此間皆是尊神地方。在生之日，家家侍奉，何況今日為神乎？老夫只望蜀兵早早報讎。今將軍到此，百姓有福矣。」遂置酒食待之，卸鞍餵馬。

三更已後，忽門外又一人擊戶。老人出而問之：乃吳將潘璋亦來投宿。恰入草堂，關興見了，按劍大喝曰：「反賊休走！」璋回身便出。忽門外一人，面如重棗，丹鳳眼，臥蠶眉，飄三縷美髯，綠袍金鎧，按劍而入。璋見是關公顯聖，大叫一聲，神魂驚散；欲待轉身，早被關興手起劍落，斬於地上，取心瀝血，就關公神像前祭祀。興得了父親的青龍偃月刀，却將潘璋首級，擐於馬項之下，辭了老人，就騎了潘璋的馬，望本營而來。老人自將潘璋之屍拖出燒化。

且說關興行無數里，忽聽得人言馬嘶，一彪軍到來；為首一將，乃潘璋部將馬忠也。忠見興殺了主將潘璋，將

145

首級攛於馬項之下；青龍刀又被興得了；勃然大怒，縱馬來取關興。興見馬忠是害父讎人，氣沖牛、斗，舉青龍刀望忠便砍。忠部下三百軍併力上前，一聲喊起，將關興圍在垓心。興力孤勢危。忽見西北上一彪軍殺來，乃是張苞。馬忠見救兵到來，慌忙引軍自退。關興、張苞一處趕來。趕不數里，前面糜芳、傅士仁引兵來尋馬忠。兩軍相合，混戰一場。苞、興二人兵少，慌忙撤退，回至猇亭，來見先主，獻上首級，具言此事。先主驚異，賞犒三軍。

却說馬忠回見韓當、周泰，收聚敗軍，各分頭守把。軍士中傷者不計其數。馬忠引傅士仁、糜芳於江渚屯紮。當夜三更，軍士皆哭聲不止。糜芳暗聽之，有一夥言曰：「我等皆是荊州之兵，被呂蒙詭計送了主公性命，今劉皇叔御駕親征，東吳早晚休矣。所恨者：糜芳、傅士仁也。我等何不殺此二賊，去蜀營投降？功勞不小。」又一夥軍言：「不要性急，等個空兒，便就下手。」

糜芳聽畢，大驚，遂與傅士仁商議曰：「軍心變動，我二人性命難保。今蜀主所恨者：馬忠耳；何不殺了他，將首級去獻蜀主，告稱：『我等不得已而降吳，今知御駕

146

前來，特地詣營請罪。』」仁曰：「不可：去必有禍。」
芳曰：「蜀主寬仁厚德；目今阿斗太子是我外甥，彼但念
我國戚之情，必不肯加害。」二人計較已定，先備了馬。
三更時分，入帳刺殺馬忠，將首級割了，二人帶數十騎，
逕投猇亭而來。伏路軍人，先引見張南、馮習，具說其事。
次日，到御營中來見先主，獻上馬忠首級，哭告於前曰：
「臣等實無反心；被呂蒙詭計，稱言關公已亡，賺開城門，
臣等不得已而降。今聞聖駕前來，特殺此賊，以雪陛下之
恨。伏乞陛下恕臣等之罪。」先主大怒曰：「朕自離成都
許多時，你兩個如何不來請罪？今日勢危，故來巧言，欲
全性命！朕若饒你，至九泉之下，有何面目見關公乎！」
言訖，令關興在御營中，設關公靈位。先主親捧馬忠首級，
詣前祭祀。又令關興將糜芳、傅士仁剝去衣服，跪於靈前，
親自用刀剮之，以祭關公。忽張苞上帳哭拜於前曰：「二
伯父讎人皆已誅戮；臣父冤讎，何日可報？」先主曰：
「賢姪勿憂：朕當削平江南，殺盡吳狗，務擒二賊，與汝
親自醢②之，以祭汝父。」苞泣謝而退。

此時先主威聲大震，江南之人，盡皆膽裂，日夜號哭。
韓當、周泰大驚，急奏吳王，具言糜芳、傅士仁殺了馬忠，

去歸蜀帝，亦被蜀帝殺了。孫權心怯，遂聚文武商議。步騭奏曰：「蜀主所恨者：乃呂蒙、潘璋、馬忠、糜芳、傅士仁也。今此數人皆亡，獨有范疆、張達二人，現在東吳。何不擒此二人，并張飛首級，遣使送還，交與荊州，送歸夫人，上表求和，再會前情，共圖滅魏，則蜀兵自退矣。」權從其言，遂具沈香木匣，盛貯飛首，綁縛范疆、張達，囚於檻車之內，令程秉為使，齎國書，望猇亭而來。

却說先主欲發兵前進。忽近臣奏曰：「東吳遣使送張車騎之首，并囚范疆、張達二賊至。」先主兩手加額曰：「此天之所賜，亦由三弟之靈也！」即令張苞設飛靈位。先主見張飛首級在匣中面不改色，放聲大哭。張苞自仗利刀，將范疆、張達萬剮凌遲，祭父之靈。

祭畢，先主怒氣不息，定要滅吳。馬良奏曰：「讎人盡戮，其恨可雪矣。吳大夫程秉到此，欲還荊州，送回夫人，永結盟好，共圖滅魏，伏候聖旨。」先主怒曰：「朕切齒讎人，乃孫權也。今若與之連和，是負二弟當日之盟矣。今先滅吳，次滅魏。」便欲斬來使，以絕吳情。多官苦告方免。程秉抱頭鼠竄，回奏吳主曰：「蜀不從講和，

誓欲先滅東吳，然後伐魏。眾臣苦諫不聽，如之奈何？」

權大驚，舉止失措。闞澤出班奏曰：「見有擎天之柱，如何不用耶？」權急問何人。澤曰：「昔日東吳大事，全任周郎；後魯子敬代之；子敬亡後，決於呂子明；今子明雖喪，見有陸伯言在荊州。此人名雖儒生，實有雄才大略，以臣論之：不在周郎之下；前破關公，其謀皆出於伯言。主上若能用之，破蜀必矣。如或有失，臣願與同罪。」權曰：「非德潤之言，孤幾誤大事。」張昭曰：「陸遜乃一書生耳，非劉備敵手；恐不可用。」顧雍亦曰：「陸遜年幼望輕，恐諸公不服；若不服則生禍亂，必誤大事。」步騭亦曰：「遜才堪治郡耳；若託以大事，非其宜也。」闞澤大呼曰：「若不用陸伯言，則東吳休矣！臣願以全家保之！」權曰：「孤亦素知陸伯言乃奇才也：孤意已決，卿等勿言。」

於是命召陸遜。遜本名陸議，後改名遜，字伯言，乃吳郡吳人也：漢城門校尉陸紆之孫，九江都尉陸駿之子。身長八尺，面如美玉。官領鎮西將軍。當下奉召而至。參拜畢，權曰：「今蜀兵臨境，孤特命卿總督軍馬，以破劉

149

備。」遜曰：「江東文武，皆大王故舊之臣；臣年幼無才，安能制之？」權曰：「闞德潤以全家保卿，孤亦素知卿才。今拜卿為大都督，卿勿推辭。」遜曰：「倘文武不服，何如？」權取所佩劍與之曰：「如有不聽號令者，先斬後奏。」遜曰：「荷蒙重託，敢不拜命？但乞大王於來日會聚眾官，然後賜臣。」闞澤曰：「古之命將，必築壇會眾，賜白旄黃鉞、印綬兵符，然後威行令肅。今大王宜遵此禮，擇日築壇，拜伯言為大都督，假節鉞，則眾人自無不服矣。」權從之，命人連夜築壇完備，大會百官，請陸遜登壇，拜為大都督、右護軍鎮西將軍，進封婁侯，賜以寶劍印綬，令掌六郡八十一州兼荊、楚諸路軍馬。吳王囑之曰：「閫以內，孤主之；閫以外，將軍制之。」

遜領命下壇，令徐盛、丁奉為護衛，即日出師；一面調諸路軍馬，水陸並進。文書到猇亭，韓當、周泰大驚曰：「主上如何以一書生總兵耶？」比及遜至，眾皆不服。遜升帳議事，眾人勉強參賀。遜曰：「主上命吾為大將，督軍破蜀。軍有常法，公等各宜遵守。違者王法無親，勿致後悔。」眾皆默然。周泰曰：「目今安東將軍孫桓，乃主上之姪，見困於彝陵城中，內無糧草，外無救兵；請都督

早施良策，救出孫桓，以安主上之心。」遜曰：「吾素知孫安東深得軍心，必能堅守，不必救之。待吾破蜀後，彼自出矣。」眾皆暗笑而退。韓當謂周泰曰：「命此孺子為將，東吳休矣－－公見彼所行乎？」泰曰：「吾聊以言試之，早無一計－－安能破蜀也？」

次日，陸遜傳下號令，教諸將各處關防，牢守隘口，不許輕敵。眾皆笑其懦，不肯堅守。次日，陸遜升帳喚諸將曰：「吾欽承王命，總督諸軍，昨已三令五申，令汝等各處堅守；俱不遵吾令，何也？」韓當曰：「吾自從孫將軍平定江南，經數百戰；其餘諸將，或從討逆將軍，或從當今大王，皆披堅執銳，出生入死之士。今主上命公為大都督，令退蜀兵，宜早定計，調撥軍馬，分頭征進，以圖大事；乃只令堅守勿戰，豈欲待天自殺賊耶？吾非貪生怕死之人，奈何使吾等墮其銳氣？」於是帳下諸將，皆應聲而言曰：「韓將軍之言是也，吾等情願決一死戰！」陸遜聽畢，掣劍在手，厲聲曰：「僕雖一介書生，今蒙主下託以重任者，以吾有尺寸可取，能忍辱負重故也。汝等各宜守隘口，牢把險要，不許妄動。如違令者皆斬！」眾皆憤憤而退。

　　却說先主自猇亭布列軍馬，直至川口，接連七百里，
前後四十營寨，晝則旌旗蔽日，夜則火光耀天。忽細作報
說：「東吳用陸遜為大都督，總制軍馬。遜令諸將各守險
要不出。」先主問曰：「陸遜何如人也？」馬良奏曰：
「遜雖東吳一書生，然年幼多才，深有謀略；前襲荊州，
皆係此人之詭計。」先主大怒曰：「豎子詭謀，損朕二弟，
今當擒之！」便傳令進兵。馬良諫曰：「陸遜之才，不亞
周郎，未可輕敵。」先主曰：「朕用兵老矣，豈反不如一
黃口孺子耶！」遂親領前軍，攻打諸處關津隘口。

　　韓當見先主兵來，差人報知陸遜。遜恐韓當妄動，急
飛馬自來觀看，正見韓當立馬於山上，遠望蜀兵漫山遍野
而來，軍中隱隱有黃羅蓋傘。韓當接着陸遜，並馬而觀。
當指曰：「軍中必有劉備，吾欲擊之。」遜曰：「劉備舉
兵東下，連勝十餘陣，銳氣正盛；今只乘高守險，不可輕
出，出則不利。但宜獎勵將士，廣布防禦之策，以觀其變。
今彼馳騁於平原廣野之間，正自得志；我堅守不出，彼求
戰不得，必移屯於山林樹木間。吾當以奇計勝之。」

　　韓當口雖應諾，心中只是不服。先主使前隊搦戰，辱罵百端。遜令塞耳休聽，不許出迎，親自遍歷諸關隘口，撫慰將士，皆令堅守。先主見吳軍不出，心中焦躁。馬良曰：「陸遜深有謀略，今陛下遠來攻戰，自春歷夏；彼之不出，欲待我軍之變也：願陛下察之。」先主曰：「彼有何謀？但怯敵耳：向者數敗，今安敢再出？」先鋒馮習奏曰：「即今天氣炎熱，軍屯於赤火之中，取水深為不便。」先主遂命各營，皆移於山林茂盛之地，近溪傍澗；待過夏到秋，併力進兵。馮習遂奉旨，將諸寨皆移於林木陰密之處。馬良奏曰：「吾軍若動，倘吳兵驟至，如之奈何？」先主曰：「朕令吳班引萬餘弱兵，近吳寨平地屯住；朕親選八千精兵，伏於山谷之中。若陸遜知朕移營，必乘勢來擊，却令吳班詐敗；遜若追來，朕引兵突出，斷其歸路，小子可擒矣。」文武皆賀曰：「陛下神機妙算，諸臣不及也！」

　　馬良曰：「近聞諸葛丞相在東川點看各處隘口，恐魏兵入寇。陛下何不將各營移居之地，畫成圖本，問於丞相？」先主曰：「朕亦頗知兵法，何必又問丞相？」良曰：「古云：『兼聽則明，偏聽則蔽。』望陛下察之。」先主

153

曰：「卿可自去各營，畫成四至八道圖本，親到東川去問丞相。如有不便，可急來報知。」馬良領命而去。於是先主移兵於林木陰密處避暑。早有細作報知韓當、周泰。二人聽得此事，大喜，來見陸遜曰：「目今蜀兵四十餘營，皆移於山林密處，依溪傍澗，就水歇涼。都督可乘虛擊之。」正是：蜀主有謀能設伏，吳兵好勇定遭擒。未知陸遜可聽其言否，且看下文分解。

－－－－－－

① 鐵蒺藜骨朵－－古兵器，用鐵或硬木作成。一頭是柄，一頭是長圓形的，上面附有鐵刺。

② 醢－－原指肉醬，這裏是剁成肉醬的意思。

第八十四回　陸遜營燒七百里　孔明巧布八陣圖

　　却說韓當、周泰探知先主移營就涼，急來報知陸遜。遜大喜，遂引兵自來觀看動靜：只見平地一屯，不滿萬餘人，大半皆是老弱之眾，大書「先鋒吳班」旗號。周泰曰：「吾視此等兵如兒戲耳。願同韓將軍分兩路擊之。如其不勝，甘當軍令。」陸遜看了良久，以鞭指曰：「前面山谷中，隱隱有殺氣起；其下必有伏兵，故於平地設此弱兵，以誘我耳。諸公切不可出。」

　　眾將聽了，皆以為懦。次日，吳班引兵到關前搦戰，耀武揚威，辱罵不絕；多有解衣卸甲，赤身裸體，或睡或坐。徐盛、丁奉入帳稟陸遜曰：「蜀兵欺我太甚！某等願出擊之！」遜笑曰：「公等但恃血氣之勇，未知孫、吳妙法。此彼誘敵之計也：三日後必見其詐矣。」徐盛曰：「三日後，彼移營已定，安能擊之乎？」遜曰：「吾正欲令彼移營也。」諸將哂笑而退。過三日後，會諸將於關上觀望，見吳班兵已退去。遜指曰：「殺氣起矣：劉備必從山谷中出也。」言未畢，只見蜀兵皆全裝慣束，擁先主而

過。吳兵見了，盡皆膽裂。遜曰：「吾之不聽諸公擊班者，正為此也。今伏兵已出，旬日之內，必破蜀矣。」諸將皆曰：「破蜀當在初時；今連營五六百里，相守經七八月，其諸要害，皆已固守，安能破乎？」遜曰：「諸公不知兵法：備乃世之梟雄，更多智謀，其兵始集，法度精專；今守之久矣，不得我便，兵疲意阻，取之正在今日。」諸將方纔歎服。後人有詩讚曰：

虎帳談兵按《六韜》，安排香餌釣鯨鰲。三分自是多英俊，又顯江南陸遜高。

却說陸遜已定了破蜀之策，遂修箋遣使奏聞孫權，言指日可破蜀之意。權覽畢，大喜曰：「江東復有此異人，孤何憂哉？諸將皆上書言其懦，孤獨不信。今觀其言，果非懦也。」於是大起吳兵來接應。

却說先主於猇亭盡驅水軍，順流而下，沿江屯紮水寨，深入吳境。黃權諫曰：「水軍沿江而下，進則易，退則難。

臣願為前驅。陛下宜在後陣，庶萬無一失。」先主曰：「吳賊膽落，朕長驅大進，有何礙乎？」眾官苦諫，先主不從，遂分兵兩路：命黃權督江北之兵，以防魏寇；先主自督江南諸軍，夾江分立營寨，以圖進取。細作探知，連夜報知魏主，言蜀兵伐吳，樹柵連營，縱橫七百餘里，分四十餘屯，皆傍山林下寨；今黃權督兵在江北岸，每日出哨百餘里，不知何意。

　　魏主聞之，仰面笑曰：「劉備將敗矣。」羣臣請問其故。魏主曰：「劉玄德不曉兵法：豈有連營七百里，而可以拒敵者乎？包原隰險阻①屯兵者，此兵法之大忌也。玄德必敗於東吳陸遜之手。旬日之內，消息必至矣。」羣臣猶未信，皆請撥兵備之。魏主曰：「陸遜若勝，必盡舉吳兵去取西川；吳兵遠去，國中空虛，朕虛託以兵助戰，今三路一齊進兵，東吳唾手可取也。」眾皆拜服，魏主下令，使曹仁督一軍出濡須，曹休督一軍出洞口，曹真督一軍出南郡：「三路軍馬會合日期，暗襲東吳。朕隨後自來接應。」調遣已定。

不說魏兵襲吳。且說馬良至川，入見孔明，呈上圖本而言曰：「今移營夾江，橫占七百里，下四十餘屯，皆依溪傍澗，林木茂盛之處。皇上令良將圖本來與丞相觀之。」孔明看訖，拍案叫苦曰：「是何人教主上如此下寨？可斬此人！」馬良曰：「皆主上自為，非他人之謀。」孔明歎曰：「漢朝氣數休矣！」良問其故。孔明曰：「包原隰險阻而結營，此兵家之大忌。倘彼用火攻，何以解救？又豈有連營七百里而可拒敵乎？禍不遠矣！陸遜拒守不出，正為此也。汝當速去見天子，改屯諸營，不可如此。」良曰：「倘今吳兵已勝，如之奈何？」孔明曰：「陸遜不敢來追，成都可保無虞。」良曰：「遜何故不追？」孔明曰：「恐魏兵襲其後也。主上若有失，當投白帝城避之。吾入川時，已伏下十萬兵在魚腹浦矣。」良大驚曰：「某於魚腹浦往來數次，未嘗見一卒，丞相何作此詐語？」孔明曰：「後來必見，不勞多問。」馬良求了表章，火速投御營來。孔明自回成都，調撥軍馬救應。

　　却說陸遜見蜀兵懈怠，不復隄防，升帳聚大小將士聽令曰：「吾自受命以來，未嘗出戰。今觀蜀兵，足知動靜，故欲先取江南岸一營。誰敢去取？」言未畢，韓當、周泰、凌統等應聲而出曰：「某等願往。」遜教皆退不用，獨喚階下末將淳于丹曰：「吾與汝五千軍，去取江南第四營：蜀將傅彤所守。今晚就要成功。吾自提兵接應。」淳于丹引兵去了，又喚徐盛、丁奉曰：「汝等各領兵三千，屯於寨外五里，如淳于丹敗回，有兵趕來，當出救之，却不可追去。」二將自引軍去了。

　　却說淳于丹於黃昏時分，領兵前進。到蜀寨時，已三更之後。丹令眾軍鼓譟而入。蜀營內傅彤引兵殺出，挺鎗直取淳于丹；丹敵不住，撥馬便回。忽然喊聲大震，一彪軍攔住去路：為首大將趙融。丹奪路而走，折其大半。正走之間，山後一彪蠻兵攔住：為首番將沙摩柯。丹死戰得脫，背後三路軍趕來。比及離營五里，吳軍徐盛、丁奉二人兩下殺來，蜀兵退去，救了淳于丹回營。丹帶箭入見陸遜請罪。遜曰：「非汝之過也：吾欲試敵人之虛實耳。破蜀之計，吾已定矣。」徐盛、丁奉曰：「蜀兵勢大，難以破之，空自損兵折將耳。」遜笑曰：「吾這條計，但瞞不

過諸葛亮耳。天幸此人不在，使我成大功也。」

　　遂集大小將士聽令：使朱然於水路進兵，來日午後東南風大作，用船裝載茅草，依計而行。韓當引一軍攻江北岸，周泰引一軍攻江南岸。每人手執茅草一把，內藏硫黃燄硝，各帶火種，各執鎗刀，一齊而上。但到蜀營，順風舉火。蜀兵四十屯，只燒二十屯，每間一屯燒一屯。各軍預帶乾糧，不許暫退。晝夜追襲，只擒了劉備方止。眾將聽了軍令，各受計而去。

　　却說先主在御營尋思破吳之計，忽見帳前中軍旗旛，無風自倒。乃問程畿曰：「此為何兆？」畿曰：「今夜莫非吳兵來劫營？」先主曰：「昨夜殺盡，安敢再來？」畿曰：「倘是陸遜試敵，奈何？」正言間，人報山上遠遠望見吳兵盡沿山望東去了。先主曰：「此是疑兵。」令眾休動，命關興、張苞各引五百騎出巡。黃昏時分，關興回奏曰：「江北營中火起。」先主急令關興往江北，張苞往江南，探看虛實：「倘吳兵到時，可急回報。」

　　二將領命去了。初更時分，東南風驟起。只見御營左

屯火發。方欲救時，御營右屯又火起。風緊火急，樹木皆
着。喊聲大震。兩屯軍馬齊出，奔離御營中。御營軍自相
踐踏，死者不知其數。後面吳兵殺到，又不知多少軍馬。
先主急上馬，奔馮習營時，習營中火光連天而起。江南、
江北，照耀如同白日。馮習慌上馬引數十騎而走，正逢吳
將徐盛軍到，敵住廝殺。先主見了，撥馬投西便走。徐盛
捨了馮習，引兵追來。先主正慌，前面又一軍攔住，乃是
吳將丁奉。兩下夾攻。先主大驚。四面無路。忽然喊聲大
震，一彪軍殺入重圍，乃是張苞，救了先主，引御林軍奔
走。正行之間，前面一軍又到，乃蜀將傅彤也，合兵一處
而行。背後吳兵追至。先主前到一山，名馬鞍山。張苞、
傅彤請先主上的山時，山下喊聲又起：陸遜大隊人馬，將
馬鞍山圍住。張苞、傅彤死據山口。先主遙望遍野火光不
絕，死屍重疊，塞江而下。

次日，吳兵又四下放火燒山，軍士亂竄，先主驚慌。
忽然火光中一將引數騎殺上山來，視之乃關興也。興伏地
請曰：「四下火光逼近，不可久停。陛下速奔白帝城，再
收軍馬可也。」先主曰：「誰敢斷後？」傅彤奏曰：「臣
願以死當之！」當日黃昏，關興在前，張苞在中，留傅彤

斷後，保着先主，殺下山來。吳兵見先主奔走，皆要爭功，各引大軍，遮天蓋地，往西追趕。先主令軍士盡脫袍鎧，塞道而焚，以斷後軍，正奔走間，喊聲大震，吳將朱然引一軍從江岸邊殺來，截住去路。先主叫曰：「朕死於此矣！」關興、張苞縱馬衝突，被亂箭射回，各帶重傷，不能殺出。背後喊聲又起：陸遜引大軍從山谷中殺來。

先主正慌急之間——此時天色已微明——只見前面喊聲震天，朱然軍紛紛落澗，滾滾投巖：一彪軍殺入，前來救駕。先主大喜；視之：乃常山趙子龍也。時趙雲在川中江州，聞吳、蜀交兵，遂引軍出；忽見東南一帶火光沖天，雲心驚，遠遠探視：不想先主被困，雲奮勇衝殺而來。陸遜聞是趙雲，忽令軍退。雲正殺之間，忽遇朱然，便與交鋒；不一合，一鎗刺朱然於馬下，殺散吳兵，救出先主，望白帝城而走。先主曰：「朕雖得脫，諸將士將奈何？」雲曰：「敵軍在後，不可久遲。陛下且入白帝城歇息，臣再引兵去救應諸將。」此時先主僅存百餘人入白帝城。後人有詩讚陸遜曰：

持矛舉火破連營，玄德窮奔白帝城。一旦威名驚

蜀魏，吳王寧不敬書生。

　　却說傅彤斷後，被吳軍八面圍住。丁奉大叫曰：「川兵死者無數，降者極多。汝主劉備已被擒獲。今汝力窮勢孤，何不早降？」傅彤叱曰：「吾乃漢將，安肯降吳狗乎！」挺鎗縱馬，率蜀軍奮力死戰；不下百餘合，往來衝突，不能得脫。彤長歎曰：「吾今休矣！」言訖，口中吐血，死於吳軍之中。後人讚傅彤詩曰：

　　　　彝陵吳蜀大交兵，陸遜施謀用火焚。至死猶然罵「吳狗」，傅彤不愧漢將軍。

　　蜀祭酒程畿，匹馬奔至江邊，招呼水軍赴敵，吳兵隨後追來，水軍四散奔逃。畿部將叫曰：「吳兵至矣！程祭酒快走罷！」畿怒曰：「吾自從主上出軍，未嘗赴敵而逃！」言未畢，吳兵驟至，四下無路，畿拔劍自刎。後人有詩讚曰：

　　　　慷慨蜀中程祭酒，身留一劍答君王。臨危不改平生志，博得聲名萬古香。

時吳班、張南久圍彝陵城，忽馮習到，言蜀兵敗，遂引軍來救先主，孫桓方纔得脫。張、馮二將正行之間，前面吳兵殺來，背後孫桓從彝陵城殺出，兩下來攻。張南、馮習奮力衝突，不能得脫，死於亂軍之中。後人有詩讚曰：

　　　　馮習忠無二，張南義少雙：沙場甘戰死，史冊共流芳。

吳班殺出重圍，又遇吳兵追趕；幸得趙雲接着，救回白帝城去了。時有蠻王沙摩柯，匹馬奔走，正逢周泰，戰二十餘合，被泰所殺。蜀將杜路、劉寧盡皆降吳。蜀營一應糧草器仗，尺寸不存。蜀將川兵，降者無數。時孫夫人在吳，聞猇亭兵敗，訛傳先主死於軍中，遂驅車至江邊，望西遙哭，投江而死。後人立廟江濱，號曰梟姬祠。尚論者作詩歎之曰：

　　　　先主兵歸白帝城，夫人聞難獨捐生。至今江畔遺碑在，猶著千秋烈女名。

　　却說陸遜大獲全功，引得勝之兵，往西追襲。前離夔關不遠，遜在馬上看見前面臨山傍江，一陣殺氣，沖天而起；遂勒馬回顧眾將曰：「前面必有埋伏，三軍不可輕進。」即倒退十餘里，於地勢空闊處，排成陣勢，以禦敵軍；即差哨馬前去探視。回報並無軍屯在此，遜不信，下馬登山望之，殺氣復起。遜再令人仔細探視，哨馬回報，前面並無一人一騎。遜見日將西沈，殺氣越加，心中猶豫，令心腹人再往探看。回報江邊止有亂石八九十堆，並無人馬。遜大疑，令尋土人問之。須臾，有數人到。遜問曰：「何人將亂石作堆？如何亂石堆中有殺氣沖起？」土人曰：「此處地始魚腹浦。諸葛亮入川之時，驅兵到此，取石排成陣勢於沙灘之上；自此常常有氣如雲，從內而起。」

　　陸遜聽罷，上馬引數十騎來看石陣；立馬於山坡之上，但見四面八方，皆有門有戶。遜笑曰：「此乃惑人之術耳，有何益焉！」遂引數騎下山坡來，直入石陣觀看。部將曰：「日暮矣，請都督早回。」遜方欲出陣，忽然狂風大作。一霎時，飛沙走石，遮天蓋地。但見怪石嵯峨，槎枒似劍；

橫沙立土，重疊如山；江聲浪湧，有如劍鼓之聲。遜大驚曰：「吾中諸葛之計也！」急欲回時，無路可出。正驚疑間，忽見一老人立於馬前，笑曰：「將軍欲出此陣乎？」遜曰：「願長者引出。」老人策杖徐徐而行，逕出石陣，並無所礙，送至山坡之上。遜問曰：「長者何人？」老人答曰：「老夫乃諸葛孔明之岳父黃承彥也。昔小壻入川之時，於此布下石陣，名『八陣圖』。反復八門，按遁甲休、生、傷、杜、景、死、驚、開。每日每時，變化無端，可比十萬精兵。臨去之時，曾分付老夫道：『後有東吳大將迷於陣中，莫要引他出來。』老夫適於山巖之上，見將軍從死門而入，料想不識此陣，必為所迷。老夫平生好善，不忍將軍陷沒於此，故特從生門引出也。」遜曰：「公曾學此陣法否？」黃承彥曰：「變化無窮，不能學也。」遜慌忙下馬拜謝而回。後杜工部有詩曰：

　　　　功蓋三分國，名成八陣圖。江流石不轉，遺恨失吞吳。

　　陸遜回寨，歎曰：「孔明真『臥龍』也！吾不能及！」於是下令班師。左右曰：「劉備兵敗勢窮，困守一城，正

好乘勢擊之；今見石陣而退，何也？」遜曰：「吾非懼石
陣而退；吾料魏主曹丕，其奸詐與父無異，今知吾追趕蜀
兵，必乘虛來襲。吾若深入西川，急難退矣。」遂令一將
斷後，遜率大軍而回。退兵未及二日，三處人來飛報：
「魏兵曹仁出濡須，曹休出洞口，曹真出南郡：三路兵馬
數十萬，星夜至境，未知何意。」遜笑曰：「不出吾之所
料。吾已令兵拒之矣。」正是：雄心方欲吞西蜀，勝算還
須禦北朝。未知如何退兵，且看下文分解。

－－－－－－

① 包原隰險阻－－包，通苞，草木叢生的地方。原，高
平之處。隰，陰濕的地方。險阻，地勢險要的處所。這句
話是說：地形過於複雜的地方，不可駐紮兵營。

第八十五回　劉先主遺詔託孤兒　諸葛亮安居平五路

　　却說章武二年夏六月，東吳陸遜，大破蜀兵於猇亭彝陵之地；先主奔回白帝城，趙雲引兵據守。忽馬良至，見大軍已敗，懊悔不及，將孔明之言，奏知先主。先主歎曰：「朕早聽丞相之言，不致今日之敗！今有何面目復回成都見郡臣乎！」遂傳旨就白帝城住紥，將館驛改為永安宮。人報馮習、張南、傅彤、程畿、沙摩柯等皆歿於王事，先主傷感不已。又近臣奏稱：「黃權引江北之兵，降魏去了。陛下可將彼家屬送有司問罪。」先主曰：「黃權被吳兵隔斷在江北岸，欲歸無路，不得已而降魏：是朕負權，非權負朕也。何必罪其家屬？」仍給祿米以養之。

　　却說黃權降魏，諸將引見曹丕。丕曰：「卿今降朕，欲追慕於陳、韓①耶？」權泣而奏曰：「臣受蜀帝之恩，殊遇甚厚，令臣督諸軍於江北，被陸遜絕斷。臣歸蜀無路，降吳不可，故來投陛下。敗軍之將，免死為幸，安敢追慕於古人耶？」丕大喜，遂拜黃權為鎮南將軍。權堅辭不受。忽近臣奏曰：「有細作人自蜀中來，說蜀主將黃權家屬盡

皆誅戮。」權曰：「臣與蜀主，推誠相信，知臣本心，必不肯殺臣之家小也。」丕然之。後人有詩責黃權曰：

降吳不可却降曹，忠義安能事兩朝？堪歎黃權惜一死，紫陽書法不輕饒。

曹丕問賈詡曰：「朕欲一統天下：先取蜀乎？先取吳乎？」詡曰：「劉備雄才，更兼諸葛亮善能治國；東吳孫權，能識虛實，陸遜見屯兵於險要：隔江泛湖，皆難卒謀。以臣觀之，諸將之中，皆無孫權、劉備敵手。雖以陛下天威臨之，亦未見萬全之勢也。只可持守，以待二國之變。」丕曰：「朕已遣三路大兵伐吳，安有不勝之理？」尚書劉曄曰：「近東吳陸遜，新破蜀兵七十萬，上下齊心，更有江湖之阻，不可卒制。陸遜多謀，必有準備。」丕曰：「卿前勸朕伐吳，今又諫阻，何也？」曄曰：「時有不同也：昔東吳累敗於蜀，其勢頓挫，故可擊耳；今既獲全勝，銳氣百倍，未可攻也。」丕曰：「朕意已決，卿勿復言。」遂引御林軍親往接應三路兵馬。早有哨馬報說東吳已有準

備：令呂範引兵拒住曹休，諸葛瑾引兵在南郡拒住曹眞，朱桓引兵當住濡須以拒曹仁。劉曄曰：「旣有準備，去恐無益。」丕不從，引兵而去。

却說吳將朱桓，年方二十七歲，極有膽略，孫權甚愛之；時督軍於濡須，聞曹仁引大軍去取羨溪，桓遂盡撥軍守把羨溪去了，止留五千騎守城。忽報曹仁令大將常雕同諸葛虔、王雙，引五萬精兵飛奔濡須城來。衆軍皆有懼色。桓按劍而言曰：「勝負在將，不在兵之多寡。兵法云；『客兵倍而主兵半者，主兵尚能勝於客兵。』今曹仁千里跋涉，人馬疲困。吾與汝等，共據高城，南臨大江，北背山險，以逸待勞，以主制客：此乃百戰百勝之勢。雖曹丕自來，尚不足憂，況仁等耶？」於是傳令，敎衆軍偃旗息鼓，只作無人守把之狀。

且說魏將先鋒常雕，領精兵來取濡須城，遙望城上並無軍馬。雕催軍急進，離城不遠，一聲礮響，旌旗齊豎。朱桓橫刀飛馬而出，直取常雕。戰不三合，被桓一刀斬常雕於馬下。吳兵乘勢衝殺一陣，魏兵大敗，死者無數。朱桓大勝，得了無數旌旗軍器戰馬。曹仁領兵隨後到來，却

被吳兵從羡溪殺出。曹仁大敗而退，回見魏主，細奏大敗之事。丕大驚。正議之間，忽探馬報：「曹眞、夏侯尚圍了南郡，被陸遜伏兵於內，諸葛瑾伏兵於外，內外夾攻，因此大敗。」言未畢，忽探馬又報：「曹休亦被呂範殺敗。」丕聽知三路兵敗，乃喟然歎曰：「朕不聽賈詡、劉曄之言，果有此敗！」時值夏天，大疫流行，馬步軍十死六七，遂引軍回洛陽。吳、魏自此不和。

却說先主在永安宮，染病不起，漸漸沈重。至章武三年夏四月，先主自知病入四肢；又哭關、張二弟，其病愈深，兩目昏花，厭見侍從之人；乃叱退左右，獨臥於龍榻之上。忽然陰風驟起，將燈吹搖，滅而復明。只見燈影之下，二人侍立。先主怒曰：「朕心緒不寧，敎汝等且退，何故又來！」叱之不退。先主起而視之：上首乃雲長，下首乃翼德也。先主大驚曰：「二弟原來尚在！」雲長曰：「臣等非人，乃鬼也。上帝以臣二人平生不失信義，皆敕命為神。哥哥與兄弟聚會不遠矣。」先主扯定大哭。忽然驚覺：二弟不見。卽喚從人問之，時正三更。先主歎曰：

「朕不久於人世矣！」遂遣使往成都，請丞相諸葛亮、尚書令李嚴等，星夜來永安宮，聽受遺命。孔明等與先主次子魯王劉永、梁王劉理，來永安宮見帝，留太子劉禪守成都。

且說孔明到永安宮，見先主病危，慌忙拜伏於龍榻之下。先主傳旨，請孔明坐於龍榻之側，撫其背曰：「朕自得丞相，幸成帝業；何期智識淺陋，不納丞相之言，自取其敗。悔恨成疾，死在旦夕。嗣子孱弱，不得不以大事相託。」言訖，淚流滿面。孔明亦涕泣曰：「願陛下善保龍體，以副天下之望！」先主以目遍視，只見馬良之弟馬謖在傍，先主令且退。謖退出，先主謂孔明曰：「丞相觀馬謖之才何如？」孔明曰：「此人亦當世之英才也。」先主曰：「不然：朕觀此人，言過其實，不可大用。丞相宜深察之。」分付畢，傳旨召諸臣入殿，取紙筆寫了遺詔，遞與孔明而歎曰：「朕不讀書，粗知大略。聖人云：『鳥之將死，其鳴也哀；人之將死，其言也善。』朕本待與卿等同滅曹賊，共扶漢室；不幸中道而別。煩丞相將詔付與太子禪，令勿以為常言。凡事更望丞相教之！」孔明等泣拜於地曰：「願陛下將息龍體！臣等盡施犬馬之勞，以報陛

下知遇之恩也。」先主命內侍扶起孔明，一手掩淚，一手執其手，曰：「朕今死矣！有心腹之言相告！」孔明曰：「有何聖諭？」先主泣曰：「君才十倍曹丕，必能安邦定國，終定大事。若嗣子可輔，則輔之；如其不才，君可自為成都之主。」孔明聽畢，汗流遍體，手足失措，泣拜於地曰：「臣安敢不竭股肱之力，盡忠貞之節，繼之以死乎！」言訖，叩頭流血。先主又請孔明坐於榻上，喚魯王劉永、梁王劉理近前，分付曰：「爾等皆記朕言：朕亡之後，爾兄弟三人，皆以父事丞相，不可怠慢。」言罷，遂命二王同拜孔明。二王拜畢，孔明曰：「臣雖肝腦塗地，安能報知遇之恩也！」

先主謂眾官曰：「朕已託孤於丞相，令嗣子以父事之。卿等俱不可怠慢，以負朕望。」又囑趙雲曰：「朕與卿於患難之中，相從到今，不想於此地分別。卿可想朕故交，早晚看覷②吾子，勿負朕言。」雲泣拜曰：「臣敢不効犬馬之勞！」先主又謂眾官曰：「卿等眾官，朕不能一一分囑，願皆自愛。」言畢，駕崩，壽六十三歲：時章武三年四月二十四日也。後杜工部有詩歎曰：

蜀主窺吳向三峽，崩年亦在永安宮。翠華想像空山外，玉殿虛無野寺中。古廟杉松巢水鶴，歲時伏臘走村翁。武侯祠屋長鄰近，一體君臣祭祀同。

先主駕崩，文武官僚，無不哀痛。孔明率眾官奉梓宮③還成都。太子劉禪出城迎接靈柩，安於正殿之內。舉哀行禮畢，開讀遺詔。詔曰：

朕初得疾，但下痢耳；後轉生雜病，殆不自濟。朕聞「人年五十，不稱夭壽」。今朕年六十有餘，死復何恨？——但以卿兄弟為念耳。勉之！勉之！勿以惡小而為之，勿以善小而不為。惟賢惟德，可以服人；卿父德薄，不足效也。卿與丞相從事，事之如父，勿怠！勿忘！卿兄弟更求聞達，至囑！至囑！

羣臣讀詔已畢。孔明曰：「國不可一日無君；請立嗣君，以承漢統。」乃立太子禪即皇帝位，改元建興。加諸葛亮為武鄉侯，領益州牧。葬先主於惠陵，諡曰昭烈皇帝。尊皇后吳氏為皇太后。諡甘夫人為昭烈皇后。糜夫人亦追諡為皇后。陞賞羣臣，大赦天下。

　　早有魏軍探知此事，報入中原。近臣奏知魏主。曹丕大喜曰：「劉備已亡，朕無憂矣。何不乘其國中無主，起兵伐之？」賈詡諫曰：「劉備雖亡，必託孤於諸葛亮。亮感備知遇之恩，必傾心竭力，扶持嗣主。陛下不可倉卒伐之。」正言間，忽一人從班部中奮然而出曰：「不乘此時進兵，更待何時？」眾視之：乃司馬懿也。丕大喜，遂問計於懿。懿曰：「若只起中國之兵，急難取勝。須用五路大兵，四面夾攻，令諸葛亮首尾不能救應，然後可圖。」

　　丕問何五路。懿曰：「可修書一封，差使往遼東鮮卑國，見國王軻比能，賂以金帛，令起遼西羌兵十萬，先從旱路取西平關：此一路也。再修書遣使齎官誥賞賜，直入南蠻，見蠻王孟獲，令起兵十萬，攻打益州、永昌、牂牁、越雋四郡，以擊西川之南：此二路也。再遣使入吳修好，許以割地，令孫權起兵十萬，攻兩川峽口，逕取涪城：此三路也。又可差使至降將孟達處，起上庸兵十萬，西攻漢中：此四路也。然後命大將軍曹真為大都督，提兵十萬，

由京兆逕出陽平關取西川：此五路也。——共大兵五十萬，五路並進。諸葛亮便有呂望之才，安能當此乎？」丕大喜，隨即密遣能言官四員為使前去；又命曹真為大都督，領兵十萬，逕取陽平關。此時張遼等一班舊將，皆封列侯，俱在冀、徐、青及合淝等處，據守關津隘口，故不復調用。

却說蜀漢後主劉禪，自即位以來，舊臣多有病亡者，不能細說。凡一應朝廷、選法、錢糧、詞訟等事，皆聽諸葛丞相裁處。時後主未立皇后。孔明與羣臣上言曰：「故車騎將軍張飛之女甚賢，年十七歲，可納為正宮皇后。」後主即納之。

建興元年秋八月，忽有邊報說：「魏調五路大兵，來取西川：第一路，曹真為大都督，起兵十萬，取陽平關；第二路，乃反將孟達，起上庸兵十萬，犯漢中；第三路，乃東吳孫權，起精兵十萬，取峽口入川；第四路，乃蠻王孟獲，起蠻兵十萬，犯益州四郡；第五路，乃番王軻比能，起羌兵十萬，犯西平關——此五路軍馬，甚是利害。已先報知丞相，丞相不知為何，數日不出視事。」後主聽罷大驚，即差近侍齎旨，宣召孔明入朝。使命去了半日，回報：

「丞相府下人言，丞相染病不出。」後主轉慌；次日，又命黃門侍郎董允、諫議大夫杜瓊，去丞相臥榻前，告此大事。董、杜二人，到丞相府前，皆不得入。杜瓊曰：「先帝託孤於丞相，今主上初登寶位，被曹丕五路兵犯境，軍情至急，丞相何故推病不出？」良久，門吏傳丞相令，言：「病體稍可，明早出都堂議事。」董、杜二人歎息而回。次日，多官又來丞相府前伺候。從早至晚，又不見出。多官惶惶，只得散去。杜瓊入奏後主曰：「請陛下聖駕，親往丞相府問計。」後主即引多官入宮，啟奏皇太后。太后大驚，曰：「丞相何故如此？有負先帝委託之意也！我當自往。」董允奏曰：「娘娘未可輕往。臣料丞相必有高明之見。且待主上先往。如果怠慢，請娘娘於太廟中，召丞相問之未遲。」太后依奏。

次日，後主車駕親至相府。門吏見駕到，慌忙拜伏於地而迎。後主問曰：「丞相在何處？」門吏曰：「不知在何處。只有丞相鈞旨，教擋住百官，勿得輒入。」後主乃下車步行，獨進第三重門，見孔明獨倚竹杖，在小池邊觀魚。後主在後立久，乃徐徐而言曰：「丞相安樂否？」孔明回顧，見是後主，慌忙棄杖，拜伏於地曰：「臣該萬

177

死！」後主扶起，問曰：「今曹丕分兵五路，犯境甚急，相父④緣何不肯出府視事？」孔明大笑，扶後主入內室坐定，奏曰：「五路兵至，臣安得不知？臣非觀魚，有所思也。」後主曰：「如之奈何？」孔明曰：「羌王軻比能，蠻王孟獲，反將孟達，魏將曹真：此四路兵，臣已皆退去了也。止有孫權這一路兵，臣已有退之之計，但須一能言之人為使。因未得其人，故熟思之。陛下何必憂乎？」

後主聽罷，又驚又喜，曰：「相父果有鬼神不測之機也！願聞退兵之策。」孔明曰：「先帝以陛下付託與臣，臣安敢旦夕怠慢？成都眾官，皆不曉兵法之妙、貴在使人不測，豈可泄漏於人？老臣先知西番國王軻比能，引兵犯西平關；臣料馬超積祖西川人氏，素得羌人之心，羌人以超為神威天將軍；臣已先遣一人，星夜馳檄，令馬超緊守西平關，伏四路奇兵，每日交換，以兵拒之：此一路不必憂矣。又南蠻孟獲，兵犯四郡，臣亦飛檄遣魏延領一軍左出右入，右出左入，為疑兵之計；蠻兵惟憑勇力，其心多疑，若見疑兵，必不敢進：此一路又不足憂矣。又知孟達引兵出漢中；達與李嚴曾結生死之交；臣回成都時，留李嚴守永安宮；臣已作一書，只做李嚴親筆，令人送與孟達；

達必然推病不出，以慢軍心：此一路又不足憂矣。又知曹
真引兵犯陽平關；此地險峻，可以保守，臣已調趙雲引一
軍守把關隘，並不出戰；曹真若見我軍不出，不久自退矣。
此四路兵俱不足憂。臣尚恐不能全保，又密調關興、張苞
二將，各引兵三萬，屯於緊要之處，為各路救應。此數處
調遣之事，皆不曾經由成都，故無人知覺。只有東吳這一
路兵，未必便動：如見四路兵勝，川中危急，必來相攻；
若四路不濟，安肯動乎？臣料孫權想曹丕三路侵吳之怨，
必不肯從其言。雖然如此，須用一舌辯之士，逕往東吳，
以利害說之，則先退東吳；其四路之兵，何足憂乎？但未
得說吳之人，臣故躊躇。何勞陛下聖駕來臨？」後主曰：
「太后亦欲來見相父。今朕聞相父之言，如夢初覺，復何
憂哉！」

孔明與後主共飲數盃，送後主出府。眾官皆環立於門
外，見後主面有喜色。後主別了孔明，上御車回朝。眾皆
疑惑不定。孔明見眾官中，一人仰天而笑，面亦有喜色。
孔明視之，乃義陽新野人：姓鄧，名芝，字伯苗；見為戶
部尚書；漢司馬鄧禹之後。孔明暗令人留住鄧芝。多官皆
散。孔明請芝到書院中，問芝曰：「今蜀、魏、吳鼎分三

國,欲討二國,一統中興,當先伐何國?」芝曰:「以愚
意論之,魏雖漢賊,其勢甚大,急難搖動,當徐徐緩圖。
今主上初登寶位,民心未安,當與東吳連合,結為脣齒,
一洗先帝舊怨,此乃長久之計也。未審丞相鈞意若何?」
孔明大笑曰:「吾思之久矣,奈未得其人――今日方得
也!」芝曰:「丞相欲其人何為?」孔明曰:「吾欲使人
往結東吳。公既能明此意,必能不辱君命。使乎之任,非
公不可。」芝曰:「愚才疏智淺,恐不堪當此任。」孔明
曰:「吾來日奏知天子,便請伯苗一行,切勿推辭。」芝
應允而退。至次日,孔明奏准後主,差鄧芝往說東吳。芝
拜辭,望東吳而來。正是:吳人方見干戈息,蜀使還將玉
帛通。未知鄧芝此去若何,且看下文分解。

――――――

① 陳、韓――卽陳平、韓信;原來是項羽的部下,後來
都投歸劉邦。

② 看覷――看顧的意思。

③　梓宮－－皇帝的屍柩。

④　相父－－皇帝對宰相極尊敬的稱呼。

第八十六回　難張温秦宓逞天辯　破曹丕徐盛用火攻

　　却說東吳陸遜自退魏兵之後，吳主拜遜為輔國將軍江陵侯，領荊州牧；自此軍權皆歸於遜。張昭、顧雍啟奏吳王，請自改元。權從之，遂改為黃武元年。忽報魏主遣使至，權召入。使命陳說：「蜀前使人求救於魏，魏一時不明，故發兵應之；今已大悔，欲起四路兵取川，東吳可來接應。若得蜀土，各分一半。」

　　權聞言，不能決，乃問於張昭、顧雍等。昭曰：「陸伯言極有高見，可問之。」權卽召陸遜至。遜奏曰：「曹丕坐鎮中原，急不可圖；今若不從，必為讎矣。臣料魏與吳皆無諸葛亮之敵手。今且勉強應允，整軍預備，只探聽四路如何。若四路兵勝，川中危急，諸葛亮首尾不能救，主上則發兵以應之，先取成都，深為上策；如四路兵敗，別作商議。」權從之，乃謂魏使曰：「軍需未辦，擇日便當起程。」使者拜辭而去。權令人探得西番兵出西平關，見了馬超，不戰自退；南蠻孟獲起兵攻四郡，皆被魏延用疑兵計殺退回洞去了；上庸孟達兵至半路，忽然染病不能

行；曹真兵出陽平關，趙子龍拒住各處險道，果然「一將
守關，萬夫莫開」。曹真屯兵於斜谷道，不能取勝而回。

　　孫權知了此信，乃謂文武曰：「陸伯言真神算也。孤
若妄動，又結怨於西蜀矣。」忽報西蜀遣鄧芝到。張昭曰：
「此又是諸葛亮退兵之計，遣鄧芝為說客也。」權曰：
「當何以答之？」昭曰：「先於殿前立一大鼎，貯油數百
斤，下用炭燒。待其油沸，可選身長面大武士一千人，各
執刀在手，從宮門前直排至殿上，却喚芝入見。休等此人
開言下說詞，責以酈食其說齊故事，效此例烹之，看其人
如何對答。」

　　權從其言，遂立油鼎，命武士立於左右，各執軍器，
召鄧芝入。芝整衣冠而入。行至宮門前，只見兩行武士，
威風凜凜，各持鋼刀、大斧、長戟、短劍，直列至殿上。
芝曉其意，並無懼色，昂然而行。至殿前，又見鼎鑊內熱
油正沸。左右武士以目視之，芝但微微而笑。近臣引至簾
前，鄧芝長揖不拜。權令捲起珠簾，大喝曰：「何不拜！」
芝昂然而答曰：「上國天使，不拜小邦之主。」權大怒曰：
「汝不自料，欲掉三寸之舌，效酈生說齊乎？可速入油

鼎！」芝大笑曰：「人皆言東吳多賢，誰想懼一儒生！」
權轉怒曰：「孤何懼爾一匹夫耶？」芝曰：「既不懼鄧伯
苗，何愁來說汝等也？」權曰：「爾欲為諸葛亮作說客，
來說孤絕魏向蜀，是否？」芝曰：「吾乃蜀中一儒生，特
為吳國利害而來。乃設兵陳鼎，以拒一使，何其局量①之
不能容物耶？」

　　權聞言惶愧，卽叱退武士，命芝上殿，賜坐而問曰：
「吳、魏之利害若何？願先生教我。」芝曰：「大王欲與
蜀和，還是欲與魏和？」權曰：「孤正欲與蜀主講和；但
恐蜀主年輕識淺，不能全始全終耳。」芝曰：「大王乃命
世之英豪，諸葛亮亦一時之俊傑；蜀有山川之險，吳有三
江之固：若二國連和，共為脣齒，進則可以兼吞天下，退
則可以鼎足而立。今大王若委贄稱臣於魏，魏必望大王朝
覲，求太子以為內侍；如其不從，則興兵夾攻，蜀亦順流
而進取：如此則江南之地，不復為大王有矣。若大王以愚
言為不然，愚將就死於大王之前，以絕說客之名也。」言
訖，撩衣下殿，望油鼎中便跳。權急命止之，請入後殿，
以上賓之禮相待。權曰：「先生之言，正合孤意。孤今欲
與蜀主連和，先生肯為我介紹乎？」芝曰：「適欲烹小臣

者，乃大王也；今欲使小臣者，亦大王也：大王猶自狐疑未定，安能取信於人？」權曰：「孤意已決，先生勿疑。」

於是吳王留住鄧芝，集多官問曰：「孤掌江南八十一州，更有荊、楚之地，反不如西蜀偏僻之處也：蜀有鄧芝，不辱其主；吳並無一人入蜀，以達孤意。」忽一人出班奏曰：「臣願為使。」眾視之，乃吳郡吳人：姓張，名溫，字惠恕，見為中郎將。權曰：「恐卿到蜀見諸葛亮，不能達孤之情。」溫曰：「孔明亦人耳，臣何畏彼哉？」權大喜，重賞張溫，使同鄧芝入川通好。

却說孔明自鄧芝去後，奏後主曰：「鄧芝此去，其事必成。吳地多賢，定有人來答禮。陛下當禮貌之，令彼回吳，以通盟好。吳若通和，魏必不敢加兵於蜀矣。吳、魏寧靖，臣當征南，平定蠻方，然後圖魏。魏削則東吳亦不能久存，可以復一統之基業也。」後主然之。

忽報東吳遣張溫與鄧芝入川答禮。後主聚文武於丹墀，

令鄧芝、張溫入。溫自以為得志，昂然上殿，見後主施禮。後主賜錦墩，坐於殿左，設御宴待之。後主但敬禮而已。宴罷，百官送張溫到館舍。次日，孔明設宴相待。孔明謂張溫曰：「先帝在日，與吳不睦，今已晏駕。當今主上：深慕吳王，欲捐舊忿，永結盟好，并力破魏。望大夫善言回奏。」張溫領諾。酒至半酣，張溫喜笑自若，頗有傲慢之意。

次日，後主將金帛賜與張溫，設宴於城南郵亭之上，命眾官相送。孔明慇懃勸酒。正飲酒間，忽一人乘醉而入，昂然長揖，入席就坐。溫怪之，乃問孔明曰：「此何人也？」孔明答曰：「姓秦，名宓，字子勑；現為益州學士。」溫笑曰：「名稱學士，未知胸中曾學事否？」宓正色而言曰：「蜀中三尺小童，尚皆就學，何況於我？」溫曰：「且說公何所學？」宓對曰：「上至天文，下至地理，三教九流，諸子百家，無所不通；古今興廢，聖賢經傳，無所不覽。」溫笑曰：「公既出大言，請即以天為問：天有頭乎？」宓曰：「有頭。」溫曰：「頭在何方？」宓曰：「在西方。《詩》云：『乃眷西顧。』以此推之，頭在西方也。」溫又問：「天有耳乎？」宓答曰：「天處高而聽

卑。《詩》云；『鶴鳴九皋，聲聞於天。』無耳何能聽？」溫又問：「天有足乎？」宓曰：「有足。《詩》云：『天步艱難。』無足何能步？」溫又問：「天有姓乎？」宓曰：「豈得無姓！」溫曰：「何姓？」宓答曰：「姓劉。」溫曰：「何以知之？」宓曰：「天子姓劉，以故知之。」溫又問曰：「日生於東乎？」宓對曰：「雖生於東，而沒於西。」

此時秦宓語言清朗，答問如流，滿座皆驚。張溫無語。宓乃問曰：「先生東吳名士，既以天事下問，必能深明天之理。昔混沌既分，陰陽剖判；輕清者上浮而為天，重濁者下凝而為地；至共工氏戰敗，頭觸不周山，天柱折，地維缺②：天傾西北，地陷東南。天既輕清而上浮，何以傾其西北乎？又未知輕清之外，還是何物？願先生教我。」張溫無言可對，乃避席而謝曰：「不意蜀中多出俊傑！恰聞講論，使僕頓開茅塞。」孔明恐溫羞愧，故以善言解之曰：「席間問難，皆戲談耳。足下深知安邦定國之道，何在脣齒之戲哉？」溫拜謝。孔明又令鄧芝入吳答禮，就與張溫同行。張、鄧二人拜辭孔明，望東吳而來。

　　却說吳王見張溫入蜀未還，乃聚文武商議。忽近臣奏曰：「蜀遣鄧芝同張溫入國答禮。」權召入。張溫拜於殿前，備稱後主、孔明之德，願求永結盟好，特遣鄧尚書又來答禮。權大喜，乃設宴待之。權問鄧芝曰：「若吳、蜀二國同心滅魏，得天下太平，二主分治，豈不樂乎？」芝答曰：「『天無二日，民無二王』。如滅魏之後，未識天命所歸何人。但為君者，各修其德；為臣者，各盡其忠，則戰爭方息耳。」權大笑曰：「君之誠款，乃如是耶！」遂厚贈鄧芝還蜀。自此吳、蜀通好。

　　却說魏國細作人探知此事，火速報入中原。魏主曹丕聽知，大怒曰：「吳、蜀連和，必有圖中原之意也。不若朕先伐之。」於是大集文武，商議起兵伐吳。此時大司馬曹仁、太尉賈詡已亡。侍中辛毗出班奏曰：「中原之地，土闊民稀，而欲用兵，未見其利。今日之計，莫若養兵屯田十年，足食足兵，然後用之，則吳、蜀方可破也。」丕怒曰：「此迂儒之論也！今吳、蜀連和，早晚必來侵境，何暇等待十年？」卽傳旨起兵伐吳。司馬懿奏曰：「吳有

長江之險，非船莫渡。陛下必御駕親征，可選大小戰船，從蔡、潁而入淮，取壽春，至廣陵，渡江口，逕取南徐：此為上策。」丕從之。於是日夜併工，造龍舟十隻，長二十餘丈，可容二千餘人；收拾戰船三千餘隻。魏黃初五年秋八月，會聚大小將士，令曹真為前部，張遼、張郃、文聘、徐晃等為大將先行，許褚、呂虔為中軍護衛，曹休為合後，劉曄、蔣濟為參謀官。前後水陸軍馬三十餘萬，剋日起兵。封司馬懿為尚書僕射，留在許昌。凡國政大事，並皆聽懿決斷。

　　不說魏兵起程。卻說東吳細作探知此事，報入吳國。近臣慌奏吳王曰：「今魏王曹丕，親自乘駕龍舟，提水陸大軍三十餘萬，從蔡、潁出淮，必取廣陵渡江，來下江南。甚為利害。」孫權大驚，卽聚文武商議。顧雍曰：「今主上旣與西蜀連和，可修書與諸葛孔明，令起兵出漢中，以分其勢；一面遣一大將，屯兵南徐以拒之。」權曰：「非陸伯言不可當此大任。」雍曰：「陸伯言鎮守荊州，不可輕動。」權曰：「孤非不知：奈眼前無替力之人。」言未盡，一人從班部內應聲而出曰：「臣雖不才，願統一軍以當魏兵。若曹丕親渡大江，臣必生擒，以獻殿下；若不渡

江，亦殺魏兵大半，令魏兵不敢正視東吳。」權視之，乃徐盛也。權大喜曰：「如得卿守江南一帶，孤何憂哉！」遂封徐盛為安東將軍，總鎮都督建業、南徐軍馬。盛謝恩，領命而退；卽傳令教眾官軍多置器械，多設旌旗，以為守護江岸之計。

忽一人挺身出曰：「今日大王以重任委託將軍，欲破魏兵以擒曹丕，將軍何不早發軍馬渡江，於淮南之地迎敵？直待曹丕兵至，恐無及矣。」盛視之，乃吳王姪孫韶也。韶字公禮，官授揚威將軍，曾在廣陵守禦；年幼負氣，極有膽勇。盛曰：「曹丕勢大，更有名將為先鋒：不可渡江迎獻。待彼船皆集於北岸，吾自有計破之。」韶曰：「吾手下自有三千軍馬，更兼深知廣陵路勢，吾願自去江北，與曹丕決一死戰。如不勝，甘當軍令。」盛不從。韶堅執要去。盛只是不肯，韶再三要行。盛怒曰：「汝如此不聽號令，吾安能制諸將乎？」叱武士推出斬之。刀斧手擁孫韶出轅門之外，立起皂旗。韶部將飛報孫權。權聽知，急上馬來救。武士恰待行刑，孫權早到，喝散刀斧手，救了孫韶。韶哭奏曰：「臣往年在廣陵，深知地利；不就那裏與曹丕廝殺，直待他下了長江，東吳指日休矣！」權逕入

營來。徐盛迎接入帳，奏曰：「大王命臣為都督，提兵拒魏；今揚威將軍孫韶，不遵軍法，違令當斬，大王何故赦之？」權曰：「韶倚血氣之壯，誤犯軍法，萬希寬恕。」盛曰：「法非臣所立，亦非大王所立，乃國家之典刑也。若以親而免之，何以令眾乎？」權曰：「韶犯法，本應任將軍處治；奈此子雖本姓俞氏，然孤兄甚愛之，賜姓孫。於孤頗有勞績，今若殺之，負兄義矣。」盛曰：「且看大王之面，寄下死罪。」權令孫韶拜謝。韶不肯拜，屬聲而言曰：「據吾之見，只是引軍去破曹丕！便死也不服你的見識！」徐盛變色。權叱退孫韶，謂徐盛曰：「便無此子，何損於吳？今後勿再用之。」言訖自回。是夜，人報徐盛說：「孫韶引本部三千精兵，潛地過江去了。」盛恐有失，於吳王面上不好看，乃喚丁奉授以密計，引三千兵渡江接應。

却說魏主駕龍舟至廣陵，前部曹眞已領兵列於大江之岸。曹丕問曰：「江岸有多少兵？」眞曰：「隔岸遠望，並不見一人，亦無旌旗營寨。」丕曰：「此必詭計也。朕自往觀其虛實。」於是大開江道，放龍舟直至大江，泊於江岸。船上建龍鳳日月五色旌旗，鑾儀簇擁，光耀射目。

曹丕端坐舟中，遙望江南，不見一人，回顧劉曄、蔣濟曰：
「可渡江否？」曄曰：「兵法實實虛虛。彼見大軍至，如
何不作整備？陛下未可造次。且待三五日，看其動靜，然
後發先鋒渡江以探之。」丕曰：「卿言正合朕意。」

　　是日天晚，宿於江中。當夜月黑。軍士皆執燈火，明
耀天地，恰如白晝。遙望江南，並不見半點兒火光。丕問
左右曰：「此何故也？」近臣奏曰：「想聞陛下天兵來到，
故望風逃竄耳。」丕暗笑。及至天曉，大霧迷漫，對面不
見。須臾風起，霧散雲收，望見江南一帶皆是連城：城樓
上鎗刀耀日，遍城盡插旌旗號帶。頃刻數次人來報：「南
徐沿江一帶，直至石頭城：一連數百里，城郭舟車，連綿
不絕，一夜成就。」曹丕大驚。原來徐盛束縛蘆葦為人，
盡穿青衣，執旌旗，立於假城疑樓之上。魏兵見城上許多
人馬，如何不膽寒？丕歎曰：「魏雖有武士千羣，無所用
之。江南人物如此，未可圖也！」

　　正驚訝間，忽然狂風大作，白浪滔天，江水濺濕龍袍，
大船將覆。曹眞慌令文聘撐小舟急來救駕。龍舟上人立站
不住。文聘跳上龍舟，負丕下得小舟，奔入河港。忽流星

馬報道：「趙雲引兵出陽平關，逕取長安。」丕聽得，大驚失色，便教回軍。眾軍各自奔走。背後吳兵追至。丕傳旨教盡棄御用之物而走。龍舟將次入淮，忽然鼓角齊鳴，喊聲大振，刺斜裏一彪軍殺到：為首大將，乃孫韶也。魏兵不能抵當，折其大半，淹死者無數。諸將奮力救出魏主。魏主渡淮河，行不三十里，淮河中一帶蘆葦，預灌魚油，盡皆火着；順風而下，風勢甚急；火燄漫空，絕住龍舟。丕大驚，急下小船傍岸時，龍舟上早已火着。丕慌忙上馬，岸上一彪軍殺來：為首一將，乃丁奉也。張遼拍馬來迎，被奉一箭射中其腰，却得徐晃救了，同保魏主而走；折軍無數。背後孫韶、丁奉奪得馬匹、車仗、船隻、器械，不計其數。魏兵大敗而回。吳將徐盛，全獲大功。吳王重加賞賜。張遼回到許昌，箭瘡迸裂而亡。曹丕厚葬之－－不在話下。

却說趙雲引兵殺出陽平關之次，忽報丞相有文書到，說益州耆帥雍闓結連蠻王孟獲，起十萬蠻兵，侵掠四郡；因此宣雲回軍，令馬超堅守陽平關，丞相欲自南征。趙雲

乃急收兵而回。此時孔明在成都整飭軍馬，親自南征。正
是：方見東吳敵北魏，又看西蜀戰南蠻。未知勝負如何，
且看下文分解。

——————

①　局量——器量，度量。

②　共工氏戰敗，頭觸不周山，天柱折，地維缺——古代
神話：共工氏與顓頊爭為帝，一怒之下，一頭向不周山撞
去，於是把撐天的柱天碰斷了，大地的一角也被碰壞了。
共工實際是勝利的英雄。

第八十七回　征南寇丞相大興師　抗天兵蠻王初受執

　　却說諸葛丞相在於成都，事無大小，皆親自從公決斷。兩川之民，忻樂太平，夜不閉戶，路不拾遺。又幸連年大熟，老幼鼓腹謳歌，凡遇差徭，爭先早辦：因此軍需器械應用之物，無不完備；米滿倉廒，財盈府庫。

　　建興三年，益州飛報：「蠻王孟獲，大起蠻兵十萬，犯境侵掠。建寧太守雍闓，乃漢朝什方侯雍齒之後，今結連孟獲造反。牂牁郡太守朱褒、越雋郡太守高定，二人獻了城。止有永昌太守王伉不肯反。見今雍闓、朱褒、高定三人部下人馬，皆與孟獲為鄉導官，攻打永昌郡。今王伉與功曹呂凱，會集百姓，死守此城，其勢甚急。」孔明乃入朝奏後主曰：「臣觀南蠻不服，實國家之大患也。臣當自領大軍，前去征討。」後主曰：「東有孫權，北有曹丕：今相父棄朕而去，倘吳、魏來攻，如之奈何？」孔明曰：「東吳方與我國講和，料無異心；若有異心，李嚴在白帝城，此人可當陸遜也。曹丕新敗，銳氣已喪，未能遠圖；且有馬超守把漢中諸處關口，不必憂也。臣又留關興、張

苞等分兩軍為救應，保陛下萬無一失。今臣先去掃蕩蠻方，然後北伐，以圖中原，報先帝三顧之恩，託孤之重。」後主曰：「朕年幼無知，惟相父斟酌行之。」言未畢，班部內一人出曰：「不可！不可！」眾視之，乃南陽人也：姓王，名連，字文儀；見為諫議大夫。連諫曰：「南方不毛之地①，瘴疫之鄉；丞相秉鈞衡之重任，而自遠征，非所宜也。且雍闓等乃疥癬之疾，丞相只須遣一大將討之，必然成功。」孔明曰：「南蠻之地，離國甚遠，人多不習王化，收伏甚難，吾當親去征之。可剛可柔，別有斟酌，非可容易託人。」

王連再三苦勸，孔明不從。是日，孔明辭了後主，令蔣琬為參軍；費褘為長史；董厥、樊建二人為掾史；趙雲、魏延為大將，總督軍馬；王平、張翼為副將；并川將數十員。共起川兵五十萬，前望益州進發。忽有關公第三子關索，入軍來見孔明曰：「自荊州失陷，逃難在鮑家莊養病。每要赴川見先帝報讎，瘡痕未合，不能起行。近已安痊，打探得東吳讎人已皆誅戮，逕來西川見帝，恰在途中遇見征南之兵，特來投見。」孔明聞之，嗟訝不已；一面遣人申報朝廷，就令關索為前部先鋒，一同征南。大隊人馬，

各依隊伍而行。飢餐渴飲，夜住曉行：所經之處，秋毫無犯。

却說雍闓聽知孔明自統大軍而來，卽與高定、朱褒商議，分兵三路：高定取中路，雍闓在左，朱褒在右；三路各引兵五六萬迎敵。於是高定令鄂煥為前部先鋒。煥身長九尺，面貌醜惡，使一枝方天戟，有萬夫不當之勇；領本部兵，離了大寨，來迎蜀兵。

却說孔明統大軍已到益州界分。前部先鋒魏延，副將張翼、王平，纔入界口，正遇鄂煥軍馬。兩陣對圓，魏延出馬大罵曰：「反賊早早受降！」鄂煥拍馬與魏延交鋒。戰不數合，延詐敗走，煥隨後趕來。走不數里，喊聲大震。張翼、王平兩路軍殺來，絕其後路。延復回。三員將併力拒戰，生擒鄂煥，解到大寨，入見孔明。孔明令去其縛，以酒食待之，問曰：「汝是何人部將？」煥曰：「某是高定部將。」孔明曰：「吾知高定乃忠義之士，今為雍闓所惑，以致如此。吾今放汝回去，令高太守早早歸降，免遭

大禍。」鄂煥拜謝而去。回見高定，說孔明之德。定亦感
激不已。次日，雍闓至寨。禮畢，闓曰：「如何得鄂煥回
也？」定曰：「諸葛亮以義放之。」闓曰：「此乃諸葛亮
反間之計：欲令我兩人不和，故施此謀也。」定半信不信，
心中猶豫。忽報蜀將搦戰，闓自引三萬兵出迎。戰不數合，
闓撥馬便走。延率兵大進，追殺二十餘里。次日，雍闓又
起兵來迎。孔明一連三日不出。至第四日，雍闓、高定分
兵兩路，來取蜀寨。

　　却說孔明令魏延兩路伺候；果然雍闓、高定兩路兵來，
被伏兵殺傷大半，生擒者無數，都解到大寨來。雍闓的人，
囚在一邊；高定的人，囚在一邊。却令軍士謠說：「但是
高定的人免死，雍闓的人盡殺。」衆軍皆聞此言。少時，
孔明令取雍闓的人到帳前，問曰：「汝等皆是何人部從？」
衆偽曰：「高定部下人也。」孔明教皆免其死，與酒食賞
勞，令人送出界首，縱放回寨。孔明又喊高定的人問之。
衆皆告曰：「吾等實是高定部下軍士。」孔明亦皆免其死，
賜以酒食；却揚言曰：「雍闓今日使人投降，要獻汝主並
朱褒首級以為功勞，吾甚不忍。汝等既是高定部下軍，吾
放汝等回去，再不可背反。若再擒來，決不輕恕。」

　　眾皆拜謝而去；回到本寨，入見高定，說知此事。定
乃密遣人去雍闓寨中探聽，却有一半放回的人，言說孔明
之德；因此雍闓部軍，多有歸順高定之心。雖然如此，高
定心中不穩，又令一人來孔明寨中探聽虛實；被伏路軍捉
來見孔明。孔明故意認做雍闓的人，喚入帳中問曰：「汝
元帥既約下獻高定、朱褒二人首級，因何誤了日期？汝這
廝不精細，如何做得細作！」軍士含糊答應。孔明以酒食
賜之，修密書一封，付軍士曰：「汝持此書付雍闓，教他
早早下手，休得誤事。」細作拜謝而去，回見高定，呈上
孔明之書，說雍闓如此如此。定看書畢，大怒曰：「吾以
真心待之，彼反欲害吾，情理難容！」便喚鄂煥商議。煥
曰：「孔明乃仁人，背之不祥。我等謀反作惡，皆雍闓之
故；不如殺闓以投孔明。」定曰：「如何下手？」煥曰：
「可設一席，令人去請雍闓，彼若無異心，必坦然而來；
若其不來，必有異心。我主可攻其前，某伏於寨後小路候
之，闓可擒矣。」高定從其言，設席請雍闓。闓果疑前日
放回軍士之言，懼而不來。是夜高定引兵殺投雍闓寨中。
原來有孔明放回免死的人，皆想高定之德，乘勢助戰。雍
闓軍不戰自亂。闓上馬望山路而走。行不二里，鼓聲響處，

一彪軍出，乃鄂煥也：挺方天戟，驟馬當先。雍闓措手不及，被煥一戟刺於馬下，就梟其首級。闓部下軍士皆降高定。定引兩部軍來降孔明，獻雍闓首級於帳下。孔明高坐於帳上，喝令左右推轉高定，斬首報來。定曰：「某感丞相大恩，今將雍闓首級來降，何故斬也？」孔明大笑曰：「汝來詐降。敢瞞吾耶！」定曰：「丞相何以知吾詐降？」孔明於匣中取出一緘，與高定曰：「朱褒已使人密獻降書，說你與雍闓結生死之交，豈肯一旦便殺此人？吾故知汝詐也。」定叫屈曰：「朱褒乃反間之計也：丞相切不可信！」孔明曰：「吾亦難憑一面之詞。汝若捉得朱褒，方表真心。」定曰：「丞相休疑。某生擒朱褒來見丞相，若何？」孔明曰：「若如此，吾疑心方息也。」

　　高定即引部將鄂煥并本部兵，殺奔朱褒營來。比及離寨約有十里，山後一彪軍到，乃朱褒也。褒見高定軍來，慌忙與高定答話。定大罵曰：「汝如何寫書與諸葛丞相處，使反間之計害吾耶？」褒目瞪口呆，不能回答。忽然鄂煥於馬後轉過，一戟刺朱褒於馬下。定厲聲而言曰：「如不順者皆戮之！」於是眾軍一齊拜降。定引兩部軍來見孔明，獻朱褒首級於帳下。孔明大笑曰：「吾故使汝殺此二賊，

以表忠心。」遂命高定為益州太守，總攝三郡；令鄂煥為牙將。三路軍馬已平。

於是永昌太守王伉出城迎接孔明。孔明入城已畢，問曰：「誰與公守此城，以保無虞？」伉曰：「某今日得此郡無危者，皆賴永昌不韋人，姓呂，名凱，字季平：皆此人之力。」孔明遂請呂凱至。凱入見，禮畢，孔明曰：「久聞公乃永昌高士，多虧公保守此城。今欲平蠻方，公有何高見？」呂凱遂取一圖，呈與孔明曰：「某自歷仕以來，知南人欲反久矣；故密遣人入其境，察看可屯兵交戰之處，畫成一圖，名曰『平蠻指掌圖』。今敢獻與明公。明公試觀之：可為征蠻之一助也。」孔明大喜，就用呂凱為行軍教授，兼鄉導官。於是孔明提兵大進，深入南蠻之境。

正行軍之次，忽報天子差使命至。孔明請入中軍，但見一人素袍白衣而進：乃馬謖也——為兄馬良新亡，因此挂孝。謖曰：「奉主上敕命，賜眾軍酒帛。」孔明接詔已畢，依命一一給散，遂留馬謖在帳敘話。孔明問曰：「吾奉天子詔，削平蠻方，久聞幼常高見，望乞賜教。」謖曰：

「愚有片言,望丞相察之:南蠻恃其地遠山險,不服久矣;雖今日破之,明日復叛。丞相大軍到彼,必然平服;但班師之日,必用北伐曹丕:蠻兵若知內虛,其反必速。夫用兵之道:『攻心為上,攻城為下;心戰為上,兵戰為下』。願丞相但服其心足矣。」孔明歎曰:「幼常足知吾肺腑也!」於是孔明遂令馬謖為參軍,卽統大兵前進。

却說蠻王孟獲,聽知孔明智破雍闓等,遂聚三洞元帥商議:第一洞乃金環三結元帥,第二洞乃董荼那元帥,第三洞乃阿會喃元帥。三洞元帥入見孟獲。獲曰:「今諸葛丞相領大軍來侵我境界,不得不併力敵之。汝三人可分兵三路而進。如得勝者,便為洞主。」於是分金環三結取中路,董荼那取左路,阿會喃取右路:各引五萬蠻兵,依令而行。

却說孔明正在寨中議事,忽哨馬飛報,說三洞元帥分兵三路到來。孔明聽畢,卽喚趙雲、魏延至,却都不分付;更喚王平、馬忠至,囑之曰:「今蠻兵三路而來,吾欲令

子龍、文長去；此二人不識地理，未敢用之。王平可往左路迎敵，馬忠可往右路迎敵。吾却使子龍、文長隨後接應。今日整頓軍馬，來日平明進發。」二人聽令而去，又喚張嶷、張翼分付曰：「汝二人同領一軍，往中路迎敵。今日整點軍馬，來日與王平、馬忠約會而進。－－吾欲令子龍、文長去取，奈二人不識地理，故未敢用之。」張嶷、張翼聽令去了。

趙雲、魏延見孔明不用，各有慍色。孔明曰：「吾非不用汝二人。但恐以中年涉險，為蠻人所算，失其銳氣耳。」趙雲曰：「倘我等識地理，若何？」孔明曰：「汝二人只宜小心，休得妄動。」二人怏怏而退。趙雲請魏延到自己寨內商議曰：「吾二人為先鋒，却說不識地理而不肯用。今用此後輩，吾等豈不羞乎？」延曰：「吾二人只今就上馬，親去探之；捉住土人，便教引進，以敵蠻兵，大事可成。」雲從之，遂上馬逕取中路而來。方行不數里，遠遠望見塵頭大起。二人上山坡看時，果見數十騎蠻兵，縱馬而來。二人兩路衝出。蠻兵見了，大驚而走。趙雲、魏延各生擒幾人，回到本寨，以酒食待之，却細問其故。蠻兵告曰：「前面是金環三結元帥大寨，正在山口。寨邊

東西兩路，却通五溪洞并董荼那、阿會喃各寨之後。」

　　趙雲、魏延聽知此話，遂點精兵五千，敎擒來蠻兵引路。比及起軍時，已是二更天氣；月明星朗，趁着月色而行。剛到金環三結大寨之時，約有四更。蠻兵方起造飯，準備天明廝殺。忽然趙雲、魏延兩路殺入，蠻兵大亂。趙雲直殺入中軍，正逢金環三結元帥；交馬只一合，被雲一鎗刺落馬下，就梟其首級。餘軍潰散。魏延便分兵一半，望東路抄董荼那寨來。趙雲分兵一半，望西路抄阿會喃寨來。比及殺到蠻兵大寨之時，天已平明。

　　先說魏延殺奔董荼那寨來：董荼那聽知寨後有軍殺至，便引兵出寨拒敵。忽然寨前門一聲喊起，蠻兵大亂。原來王平軍馬早已到了。兩下夾攻，蠻兵大敗。董荼那奪路走脫，魏延追趕不上。

　　却說趙雲引兵殺到阿會喃寨後之時，馬忠已殺至寨前。兩下夾攻，蠻兵大敗。阿會喃乘亂走脫，各自收軍，回見孔明。孔明問曰：「三洞蠻兵，走了兩洞之主，金環三結元帥首級安在？」趙雲將首級獻功。衆皆言曰：「董荼那、

阿會喃皆棄馬越嶺而去，因此趕他不上。」孔明大笑曰：
「二人吾已擒下了。」趙、魏二人并諸將皆不信。少頃，
張嶷解董荼那到，張翼解阿會喃到。眾皆驚訝。孔明曰：
「吾觀呂凱圖本，已知他各人下的寨子，故以言激子龍、
文長之銳氣，故教深入重地，先破金環三結，隨即分兵左
右寨後抄出，以王平、馬忠應之。非子龍、文長不可當此
任也。吾料董荼那、阿會喃必從便徑往山路而走，故遣張
嶷、張翼以伏兵待之，令關索以兵接應，擒此二人。」諸
將皆拜伏曰：「丞相機算，神鬼莫測！」

孔明令押過董荼那、阿會喃至帳下，盡去其縛，以酒
食衣服賜之；令各自歸洞，勿得助惡。二人泣拜，各投小
路而去。孔明謂諸將曰：「來日孟獲必然親自引兵廝殺，
便可就此擒之。」乃喚趙雲、魏延至，付與計策，各引五
千兵去了。又喚王平、關索同引一軍，授計而去。孔明分
撥已畢，坐於帳上待之。

却說蠻王孟獲在帳中正坐，忽哨馬報來，說三洞元帥，

俱被孔明捉將去了；部下之兵，各自潰散。獲大怒，遂起
蠻兵迤邐進發，正遇王平軍馬。兩陣對圓，王平出馬橫刀
望之：只見門旗開處，數百南蠻騎將兩勢擺開。中間孟獲
出馬，頭頂嵌寶紫金冠，身披纓絡紅錦袍，腰繫碾玉獅子
帶，腳穿鷹嘴抹綠靴，騎一匹捲毛赤兔馬，懸兩口松紋鑲
寶劍，昂然觀望，回顧左右蠻將曰：「人每說諸葛亮善能
用兵；今觀此陣，旌旗雜亂，隊伍交錯；刀鎗器械，無一
可能勝吾者：始知前日之言謬也。早知如此，吾反多時矣。
誰敢去擒蜀將，以振軍威？」言未盡，一將應聲而出，名
喚忙牙長；使一口截頭大刀，騎一匹黃驃馬，來取王平。
二將交鋒，戰不數合，王平便走。孟獲驅兵大進，迤邐追
趕。關索略戰又走，約退二十餘里。孟獲正追殺之間，忽
然喊聲大起，左有張嶷，右有張翼，兩路兵殺出，截斷歸
路。王平、關索復兵殺回。前後夾攻，蠻兵大敗。孟獲引
部將死戰得脫，望錦帶山而逃。背後三路兵追殺將來。獲
正奔走之間，前面喊聲大起，一彪軍攔住：為首大將乃常
山趙子龍也。獲見了大驚，慌忙奔錦帶山小路而走。子龍
衝殺一陣，蠻兵大敗，生擒者無數。孟獲止與數十騎奔入
山谷之中，背後追兵至近，前面路狹，馬不能行，乃棄了
馬匹，爬山越嶺而逃。忽然山谷中一聲鼓響：乃是魏延受

了孔明計策，引五百步軍，伏於此處。孟獲抵敵不住，被魏延生擒活捉了。從騎皆降。

　　魏延解孟獲到大寨來見孔明。孔明早已殺牛宰馬，設宴在寨；却教帳中排開七重圍子手，刀鎗劍戟，燦若霜雪；又執御賜黃金鉞斧，曲柄傘蓋，前後羽葆鼓吹，左右排開御林軍，布列得十分嚴整。孔明端坐於帳上，只見蠻兵紛紛攘攘，解到無數。孔明喚到帳中，盡去其縛，撫諭曰：「汝等皆是好百姓，不幸被孟獲所拘，今受驚諕。吾想汝等父母、兄弟、妻子必倚門而望；若聽知陣敗，定然割肚牽腸，眼中流血。吾今盡放汝等回去，以安各人父母、兄弟、妻子之心。」言訖，各賜酒食米糧而遣之。蠻兵深感其恩，泣拜而去。孔明教喚武士押過孟獲來。不移時，前推後擁，縛至帳前。獲跪於帳下。孔明曰：「先帝待汝不薄，汝何敢背反？」獲曰：「兩川之地，皆是他人所占地土；汝主倚強奪之，自稱為帝。吾世居此處，汝等無禮，侵我土地：何為反耶？」孔明曰：「吾今擒汝，汝心服否？」獲曰：「山僻路狹，誤遭汝手，如何肯服？」孔明曰：「汝既不服，吾放汝去，若何？」獲曰：「汝放我回去，再整軍馬，共決雌雄；若能再擒吾，吾方服也。」孔

明即令去其縛，與衣服穿了，賜以酒食，給與鞍馬，差人送出路徑，望本寨而去。正是：寇入掌中還放去，人居化外未能降。未知再來交戰若何，且看下文分解。

－－－－－－

① 不毛之地－－不能種五穀的地方。

第八十八回　渡瀘水再縛番王　識詐降三擒孟獲

却說孔明放了孟獲，眾將上帳問曰：「孟獲乃南蠻渠魁，今幸被擒，南方便定；丞相何故放之？」孔明笑曰：「吾擒此人，如囊中取物耳。直須降伏其心，自然平矣。」諸將聞言，皆未肯信。

當日孟獲行至瀘水，正遇手下敗殘的蠻兵，皆來尋探。眾兵見了孟獲，且驚且喜，拜問曰：「大王如何能勾回來？」獲曰：「蜀人監我在帳中，被我殺死十餘人，乘夜黑而走。正行間，逢着一哨馬軍，亦被我殺之，奪了此馬：因此得脫。」眾皆大喜，擁孟獲渡了瀘水，下住寨柵，會集各洞酋長，陸續招聚原放回的蠻兵，約有十餘萬騎。此時董荼那、阿會喃已在洞中。孟獲使人去請，二人懼怕，只得也引洞兵來。獲傳令曰：「吾已知諸葛亮之計矣，不可與戰，戰則中他詭計。彼川軍遠來勞苦，況即日天炎，彼兵豈能久住？吾等有此瀘水之險，將船筏盡拘在南岸，一帶皆築土城，深溝高壘，看諸葛亮如何施謀。」眾酋長從其計，盡拘船筏於南岸，一帶築起土城：有依山傍崖之

地，高豎敵樓；樓上多設弓弩礮石，準備久處之計。糧草皆是各洞供運。孟獲以為萬全之策，坦然不憂。

　　却說孔明提兵大進，前軍已至瀘水，哨馬飛報說：「瀘水之內，並無船筏；又兼水勢甚急，隔岸一帶築起土城，皆有蠻兵守把。」時值五月，天氣炎熱，南方之地，分外炎酷，軍馬衣甲，皆穿不得。孔明自至瀘水邊觀畢，回到本寨，聚諸將至帳中，傳令曰：「今孟獲兵屯瀘水之南，深溝高壘，以拒我兵；吾既提兵至此，如何空回？汝等各各引兵，依山傍樹，揀林木茂盛之處，與我將息人馬。」乃遣呂凱離瀘水百里，揀陰涼之地，分作四個寨子；使王平、張嶷、張翼、關索各守一寨，內外皆搭草棚，遮蓋馬匹，將士乘涼，以避暑氣。參軍蔣琬看了，入問孔明曰：「某看呂凱所造之寨甚不好：正犯昔日先帝敗於東吳時之地勢矣。倘蠻兵偷渡瀘水，前來劫寨，若用火攻，如何解救？」孔明笑曰：「公勿多疑：吾自有妙算。」蔣琬等皆不曉其意。

　　忽報蜀中差馬岱解暑藥并糧米到。孔明令入。岱參拜畢，一面將米藥分派四寨。孔明問曰：「汝今帶多少軍

來？」馬岱曰：「有三千軍。」孔明曰：「吾軍累戰疲困，欲用汝軍，未知肯向前否？」岱曰：「皆是朝廷軍馬，何分彼我？丞相要用，雖死不辭。」孔明曰：「今孟獲拒住瀘水，無路可渡。吾欲先斷其糧道，令彼軍自亂。」岱曰：「如何斷得？」孔明曰：「離此一百五十里，瀘水下流沙口，此處水慢，可以紮筏而渡。汝提本部三千軍渡水，直入蠻洞，先斷其糧，然後會合董荼那、阿會喃兩個洞主，便為內應，不可有誤。」

馬岱欣然去了，領兵前到沙口，驅兵渡水；因見水淺，大半不下筏，只裸衣而過，半渡皆倒；急救傍岸，口鼻出血而死。馬岱大驚，連夜回告孔明。孔明隨喚鄉導土人問之。土人曰：「目今炎天，毒聚瀘水，日間甚熱，毒氣正發。有人渡水，必中其毒。或飲此水，其人必死。若要渡時，須待夜靜水冷，毒氣不起，飽食渡之，方可無事。」孔明遂令土人引路；又選精壯軍五六百，隨着馬岱，來到瀘水沙口，紮起木筏，半夜渡水：果然無事。岱領着二千壯軍，令土人引路，逕取蠻洞運糧總路口夾山峪而來。那夾山峪：兩下是山，中間一條路，止容一人一馬而過。馬岱占了夾山峪，分撥軍士，立起寨柵。洞蠻不知，正解糧

211

到，被岱前後截住，奪糧百餘車。蠻人報入孟獲大寨中。

此時孟獲在寨中，終日飲酒取樂，不理軍務，謂眾酋長曰：「吾若與諸葛亮對敵，必中奸計。今靠此瀘水之險，深溝高壘以待之；蜀人受不過酷熱，必然退走。那時吾與汝等隨後擊之，便可擒諸葛亮也。」言訖，呵呵大笑。忽然班內一酋長曰：「沙口水淺，倘蜀兵透漏過來，深為利害；當分軍守把。」獲笑曰：「汝是本處土人，如何不知？吾正要蜀兵來渡此水，渡則必死於水中矣。」酋長又曰：「倘有土人說與夜渡之法，當復何如？」獲曰：「不必多疑：吾境內之人，安肯助敵人耶？」正言之間，忽報蜀兵不知多少，暗渡瀘水，絕繼了夾山糧道，打着「平北將軍馬岱」旗號。獲笑曰：「量此小輩，何足道哉！」即遣副將忙牙長，引三千兵投夾山峪來。

却說馬岱望見蠻兵已到，遂將二千軍擺在山前。兩陣對圓，忙牙長出馬，與馬岱交鋒；只一合，被岱一刀，斬於馬下。蠻兵大敗走回，來見孟獲，細言其事。獲喚諸將問曰：「誰敢去敵馬岱？」言未畢，董荼那出曰：「某願往。」孟獲大喜，遂與三千兵而去。獲又恐有人再渡瀘水，

卽遣阿會喃，引三千兵，去守把沙口。

　　却說董荼那引蠻兵到夾山峪下寨，馬岱引兵來迎。部內軍有認得是董荼那，說與馬岱如此如此。岱縱馬向前大罵曰：「無義背恩之徒！吾丞相饒汝性命，今又背反，豈不自羞！」董荼那滿面慚愧，無言可答，不戰而退。馬岱掩殺一陣而回。董荼那回見孟獲曰：「馬岱英雄，抵敵不住。」獲大怒曰：「吾知汝原受諸葛亮之恩，今故不戰而退－－正是賣陣之計！」喝教推出斬了。眾酋長再三哀告，方纔免死，叱武士將董荼那打了一百大棍，放歸本寨。諸多酋長，皆來告董荼那曰：「我等雖居蠻方，未嘗敢犯中國；中國亦不曾侵我。今因孟獲勢力相逼，不得已而造反。想孔明神機莫測，曹操、孫權尚自懼之，何況我等蠻方乎？況我等皆受其活命之恩，無可為報。今欲捨一死命，殺孟獲去投孔明，以免洞中百姓塗炭之苦。」董荼那曰：「未知汝等心下若何？」內有原蒙孔明放回的人，一齊同聲應曰：「願往！」於是董荼那手執鋼刀，引百餘人，直奔大寨而來，時孟獲大醉於帳中。董荼那引眾人持刀而入，帳下有兩將侍立。董荼那以刀指曰：「汝等亦受諸葛丞相活命之恩，宜當報効。」二將曰：「不須將軍下手，某當生

擒孟獲,去獻丞相。」於是一齊入帳,將孟獲執縛已定,押到瀘水邊,駕船直過北岸,先使人報知孔明。

却說孔明已有細作探知此事,於是密傳號令,敎各寨將士,整頓軍器,方敎為首酋長解孟獲入來,其餘皆回本寨聽候。董荼那先入中軍見孔明,細說其事。孔明重加賞勞,用好言撫慰,遣董荼那引衆酋長去了,然後令刀斧手推孟獲入。孔明笑曰:「汝前者有言:『但再擒得,便肯降服。』今日如何?」獲曰:「此非汝之能也;乃吾手下之人自相殘害,以致如此:如何肯服?」孔明曰:「吾今再放汝去,若何?」孟獲曰:「吾雖蠻人,頗知兵法;若丞相端的肯放吾回洞中,吾當率兵再決勝負。若丞相這番再擒得我,那時傾心吐膽歸降,並不敢改移也。」孔明曰:「這番生擒,如又不服,必無輕恕。」令左右去其繩索,仍前賜以酒食,列坐於帳上。孔明曰:「吾自出茅廬,戰無不勝,攻無不取。汝蠻邦之人,何為不服?」

獲默然不答。孔明酒後,喚孟獲同上馬出寨,看視諸營寨柵所屯糧草,所積軍器。孔明指謂獲曰:「汝不降吾,眞愚人也:吾有如此之精兵猛將,糧草兵器,汝安能勝吾

哉？汝若早降，吾當奏聞天子，令汝不先王位，子子孫孫，永鎮蠻邦。意下若何？」獲曰：「某雖肯降，怎奈洞中之人，未肯心服。若丞相肯放回去，就當招安本部人馬，同心合膽，方可歸順。」孔明忻然，又與孟獲回到大寨。飲酒至晚。獲辭去，孔明親自送至瀘水邊，以船送獲歸寨。

孟獲來到本寨，先伏刀斧手於帳下，差心腹人到董荼那、阿會喃寨中，只推孔明有使命至，將二人賺到大寨帳下，盡皆殺之，棄屍於澗。孟獲隨即遣親信之人，守把隘口，自引軍出了夾山峪，要與馬岱交戰，却並不見一人；及問土人，皆言昨夜盡搬糧草復渡瀘水，歸大寨去了。獲再回洞中，與親弟孟優商議曰：「如今諸葛亮之虛實，吾已盡知，汝可去如此如此。」

孟優領了兄計，引百餘蠻兵，搬載金珠、寶貝、象牙、犀角之類，渡了瀘水，逕投孔明大寨而來；方纔過了河時，前面鼓角齊鳴，一彪軍擺開：為首大將，乃馬岱也。孟優大驚。岱問了來情，令在外廂，着人來報孔明。孔明正在帳中與馬謖、呂凱、蔣琬、費禕等共議平蠻之事，忽帳下一人，報稱孟獲差弟孟優來進寶貝。孔明回顧馬謖曰：

「汝知其來意否？」謖曰：「不敢明言－－容某暗寫於紙上，呈與丞相，看合鈞意否。」孔明從之。馬謖寫訖，呈與孔明。孔明看畢，撫掌大笑曰：「擒孟獲之計，吾已差派下也：汝之所見，正與吾同。」遂喚趙雲入，向耳畔分付如此如此；又喚魏延入，亦低言分付；又喚王平、馬忠、關索入，亦密密地分付。

各人受了計策，皆依令而去，方召孟優入帳。優再拜於帳下曰：「家兄孟獲，感丞相活命之恩，無可奉獻，輒具金珠寶貝若干，權為賞軍之資。續後別有進貢天子禮物。」孔明曰：「汝兄今在何處？」優曰：「為感丞相天恩，逕往銀坑山中收拾寶物去了，少時便回來也。」孔明曰：「汝帶多少人來？」優曰：「不敢多帶：只是隨行百餘人，皆運貨物者。」孔明盡教入帳看時，皆是青眼黑面，黃髮紫鬚，耳帶金環，鬅頭①跣足，身長力大之士。孔明就令隨席而坐，教諸將勸酒，慇懃相待。

却說孟獲在帳中專望回音，忽報有二人回了；喚入問之，具說：「諸葛亮受了禮物大喜，將隨行之人，皆喚入帳中，殺牛宰馬，設宴相待。二大王令某密報大王：今夜

二更，裏應外合，以成大事。」

　　孟獲聽知甚喜，即點起三萬蠻兵，分為三隊。獲喚各洞酋長分付曰：「各軍盡帶火具。今晚到了蜀寨時，放火為號。吾當自取中軍，以擒諸葛亮。」諸多蠻將，受了計策，黃昏左側，各渡瀘水而來。孟獲帶領心腹蠻將百餘人，逕投孔明大寨，於路並無一軍阻當。前至寨門，獲率衆將驟馬而入——乃是空寨，並不見一人。獲撞入中軍，只見帳中燈燭熒煌，孟優並番兵盡皆醉倒。原來孟優被孔明教馬謖、呂凱二人管待，令樂人搬做雜劇，慇懃勸酒，酒內下藥，盡皆昏倒，渾如醉死之人。孟獲入帳問之，內有醒者，但指口而已。獲知中計，急救了孟優等一干人。却待奔回中隊，前面喊聲大震，火光驟起，蠻兵各自逃竄：一彪軍殺到，乃是蜀將王平。獲大驚，急奔左隊時，火光衝天，一彪軍殺到：為首蜀將乃是魏延。獲慌忙望右隊而來，只見火光又起，又一彪軍殺到：為首蜀將乃是趙雲。三路軍夾攻將來，四下無路。孟獲棄了軍士，匹馬望瀘水而逃。正見瀘水上數十個蠻兵，駕一小舟，獲慌令近岸。人馬方纜下船，一聲號起，將孟獲縛住。原來馬岱受了計策，引本部兵扮作蠻兵，撑船在此，誘擒孟獲。

　　於是孔明招安蠻兵，降者無數。孔明一一撫慰，並不加害。就教救滅了餘火。須臾，馬岱擒孟獲至；趙雲擒孟優至；魏延、馬忠、王平、關索擒諸洞酋長至。孔明指孟獲而笑曰：「汝先令汝弟以禮詐降，如何瞞得吾過！今番又被我擒，汝可服否？」獲曰：「此乃吾弟貪口腹之故，誤中汝毒，因此失了大事。吾若自來，弟以兵應之，必然成功。此乃天敗，非吾之不能也：如何肯服？」孔明曰：「今已三次，如何不服？」孟獲低頭無語。孔明笑曰：「吾再放汝回去。」孟獲曰：「丞相若肯放我弟兄回去，收拾家下親丁，和丞相大戰一場：那時擒得，方纔死心塌地而降。」孔明曰：「再若擒住，必不輕恕。汝可小心在意，勤攻韜略之書，再整親信之士，早用良策，勿生後悔。」遂令武士去其繩索，放起孟獲并孟優及各洞酋長，一齊都放。孟獲拜謝去了。此時蜀兵已渡瀘水。孟獲等過了瀘水，只見岸口陳兵列將，旗幟紛紛。獲到營前，馬岱高坐，以劍指之曰：「這番拏住，必無輕放！」孟獲到了自己寨時，趙雲早已襲了此寨，布列兵馬。雲坐於大旗下，按劍而言曰：「丞相如此相待，休忘大恩！」獲喏喏連聲而去。將出界口山坡，魏延引一千精兵，擺在坡上，勒馬

厲聲而言曰：「吾今已深入巢穴，奪汝險要；汝尚自愚迷，抗拒大軍！這回擎住，碎屍萬段，決不輕饒！」孟獲等抱頭鼠竄，望本洞而去。後人有詩讚曰：

　　　　五月驅兵入不毛，月明瀘水瘴煙高。誓將雄略酬三顧，豈憚征蠻七縱勞。

　　却說孔明渡了瀘水，下寨已畢，大賞三軍，聚諸將於帳下曰：「孟獲第二番擒來，吾令遍觀各營虛實，正欲令其來劫營也。吾知孟獲頗曉兵法，吾以兵馬糧草炫耀，實令孟獲看吾破綻，必用火攻。彼令其弟詐降，欲為內應耳。吾三番擒之而不殺，誠欲服其心，不欲滅其類也。吾今明告汝等，勿得辭勞，可用心報國。」衆將拜伏曰：「丞相智、仁、勇三者足備；雖子牙、張良，不能及也。」孔明曰：「吾今安敢望古人耶？皆賴汝等之力，共成功業耳。」帳下諸將聽得孔明之言，盡皆喜悅。

　　却說孟獲受了三擒之氣，忿忿歸到銀坑洞中，即差心

腹人齎金珠寶貝，往八番九十三甸等處，并蠻方部落，借使牌刀獠丁軍健數十萬，剋日齊備。各隊人馬，雲堆霧擁，俱聽孟獲調用。伏路軍探知其事，來報孔明。孔明笑曰：「吾正欲令蠻兵皆至，見吾之能也。」遂上小車而行。正是：若非洞主威風猛，怎顯軍師手段高？未知勝負如何，且看下文分解。

------

① 鬅頭——頭髮披亂。

第八十九回　武鄉侯四番用計　南蠻王五次遭擒

　　却說孔明自駕小車，引數百騎前來探路。前有一河，名曰西洱河：水勢雖慢，並無一隻船筏。孔明令伐木為筏而渡，其木到水皆沈。孔明遂問呂凱。凱曰：「聞西洱河上流有一山，其山多竹，大者數圍。可令人伐之，於河上搭起竹橋，以渡軍馬。」孔明即調三萬人入山，伐竹數十萬根，順水放下，於河面狹處，搭起竹橋，闊十餘丈。乃調大軍於河北岸一字兒下寨，便以河為壕塹，以浮橋為門，壘土為城；過橋南岸，一字下三個大營，以待蠻兵。

　　却說孟獲引數十萬蠻兵，恨怒而來。將近西洱河，孟獲引前部一萬刀牌獠丁，直扣前寨搦戰。孔明頭戴綸巾，身披鶴氅，手執羽扇，乘駟馬車，左右眾將簇擁而出。孔明見孟獲身穿犀皮甲，頭頂朱紅盔，左手挽牌，右手執刀，騎赤毛牛，口中辱罵；手下萬餘洞丁，各舞刀牌，往來衝突。孔明急令退回本寨，四面緊閉，不許出戰。蠻兵皆裸衣赤身，直到寨門前叫罵。諸將大怒，皆來稟孔明曰：「某等情願出寨決一死戰！」孔明不許。諸將再三欲戰。

孔明止曰：「蠻方之人，不遵王化，今此一來，狂惡正盛，不可迎也；且宜堅守數日，待其猖獗少懈，吾自有妙計破之。」

於是蜀兵堅守數日。孔明在高阜處探之，窺見蠻兵已多懈怠，乃聚諸將曰：「汝等敢出戰否？」衆將欣然要出。孔明先喚趙雲、魏延入帳，向耳畔低言，分付如此如此。二人受了計策先進。却喚王平、馬忠入帳受計去了。又喚馬岱分付曰：「吾今棄此三寨，退過河北；吾軍一退，汝可便拆浮橋，移於下流，却渡趙雲、魏延軍馬過河來接應。」岱受計而去。又喚張翼曰：「吾軍退去，寨中多設燈火。孟獲知之，必來追趕，汝却斷其後。」張翼受計而退。孔明只教關索護車。衆軍退去，寨中多設燈火。蠻兵望見，不敢衝突。

次日平明，孟獲引大隊蠻兵逕到蜀寨之時，只見三個大寨，皆無人馬，於內棄下糧草車仗數百餘輛。孟優曰：「諸葛棄寨而走，莫非有計否？」孟獲曰：「吾料諸葛亮棄輜重而去，必因國中有緊急之事。若非吳侵，定是魏伐。故虛張燈火以為疑兵，棄車仗而去也。可速追之，不可錯

過。」於是孟獲自驅前部，直到西洱河邊。望見河北岸下，寨中旗幟整齊如故，燦若雲錦；沿河一帶，又設錦城。蠻兵哨見，皆不敢進。獲謂優曰：「此是諸葛亮懼吾追趕，故就河北岸少住，不二日必走矣。」遂將蠻兵屯於河岸；又使人去山上砍竹為筏，以備渡河，却將敢戰之兵，皆移於寨前面－－却不知蜀兵早已入自己之境。

是日，狂風大作。四壁廂火明鼓響，蜀兵殺到。蠻兵獠丁，自相衝突。孟獲大驚，急引宗族洞丁殺開條路，逕奔舊寨。忽一彪軍從寨中殺出：乃是趙雲。獲慌忙回西洱河，望山僻處而走。又一彪軍殺出：乃是馬岱。孟獲只剩得數十個敗殘兵，望山谷中而逃。見南、北、西三處，塵頭火光，因此不敢前進，只得望東奔走。方纔轉過山口，見一大林之前，數十從人，引一輛小車；車上端坐孔明，呵呵大笑曰：「蠻王孟獲！天敗至此，吾已等候多時也！」獲大怒，回顧左右曰：「吾遭此人詭計，受辱三次；今幸得這裏相遇。汝等奮力前去，連人帶車砍為粉碎！」數騎蠻兵，猛力向前。孟獲當先吶喊。搶到大林之前，跎踏一聲，踏了陷坑，一齊塌倒。大林之內，轉出魏延，引數百軍來，一個個拖出，用索縛定。孔明先到寨中，招安蠻兵，

并諸甸酋長洞丁－－此時大半皆歸本鄉去了－－除死傷外，其餘盡皆歸降。孔明以酒肉相待，以好言撫慰，盡令放回。蠻兵皆感歎而去。少頃，張翼解孟優至。孔明誨之曰：「汝兄愚迷，汝當諫之。今被吾擒了四番，有何面目再見人耶？」孟優羞慚滿面，伏地告求免死。孔明曰：「吾殺汝不在今日，吾且饒汝性命，勸諭汝兄。」令武士解其繩索，放起孟優。優泣拜而去。

不一時，魏延解孟獲至。孔明大怒曰：「你今番又被吾擒了，有何理說？」獲曰：「吾今誤中詭計，死不瞑目！」孔明叱武士推出斬之。獲全無懼色，回顧孔明曰：「若敢再放吾回去，必然報四番之恨。」孔明大笑，令左右去其縛，賜酒壓驚，就坐於帳中。孔明問曰：「吾今四次以禮相待，汝尚然不服，何也？」獲曰：「吾雖是化外之人，不似丞相專施詭計，吾如何肯服？」孔明曰：「吾再放汝回去，復能戰乎？」獲曰：「丞相若再擒住吾，吾那時傾心降服，盡獻本洞之物犒軍，誓不反亂。」

孔明即笑而遣之。獲忻然拜謝而去。於是聚得諸洞壯丁數千人，望南迤邐而行。早望見塵頭起處，一隊兵到：

乃是兄弟孟優，重整殘兵，來與兄報讎。兄弟二人，抱頭相哭，訴說前事。優曰：「我兵屢敗，蜀兵屢勝，難以抵當。只可就山陰洞中，退避不出。蜀兵受不過暑氣，自然退矣。」獲問曰：「何處可避？」優曰：「此去西南有一洞，名曰禿龍洞。洞主朵思大王，與弟甚厚，可投之。」於是孟獲先教孟優到禿龍洞，見了朵思大王。朵思慌引洞兵出迎。孟獲入洞，禮畢，訴說前事。朵思曰：「大王寬心：若川兵到來，令他一人一騎不得還鄉，與諸葛亮皆死於此處！」獲大喜，問計於朵思。朵思曰：「此洞中，止有兩條路：東北上一路，就是大王所來之路，地勢平坦，土厚水甜，人馬可行；若以木石壘斷洞口，雖有百萬之眾，不能進也。西北上有一條路，山險嶺惡，道路窄狹；其中雖有小路，多藏毒蛇惡蝎；黃昏時分，煙瘴大起，直至巳、午時方收，惟未、申、酉三時，可以往來；水不可飲，人馬難行。此處更有四個毒泉：一名啞泉，其水頗甜，人若飲之，則不能言，不過旬日必死；二曰滅泉，此水與湯無異，人若沐浴，則皮肉皆爛，見骨必死；三曰黑泉，其水微清，人若濺之在身，則手足皆黑而死；四曰柔泉，其水如冰，人若飲之，咽喉無煖氣，身軀輭弱如綿而死。此處蟲鳥皆無，惟有漢伏波將軍曾到；自此以後，更無一人到

此。今壘斷東北大路，令大王穩居敝洞，若蜀兵見東路截斷，必從西路而入；於路無水，若見此四泉，定然飲水；雖百萬之眾，皆無歸矣－－何用刀兵耶？」孟獲大喜，以手加額曰：「今日方有容身之地！」又望北指曰：「任諸葛亮神機妙算，難以施設！四泉之水，足以報敗兵之恨也！」自此，孟獲、孟優終日與朵思大王筵宴。

却說孔明連日不見孟獲兵出，遂傳號令教大軍離西洱河，望南進發。此時正當六月炎天，其熱如火。有後人詠南方苦熱詩曰：

山澤欲焦枯，火光覆太虛。不知天地外，暑氣更何如？

又有詩曰：

赤帝施權柄，陰雲不敢生。雲蒸孤鶴喘，海熱巨鰲驚。忍捨溪邊坐？慵拋竹裏行。如何沙塞客，擐甲復長

征！

孔明統領大軍，正行之際，忽哨馬飛報：「孟獲退往禿龍洞中不出，將洞口要路壘斷，內有兵把守；山惡嶺峻，不能前進。」孔明請呂凱問之。凱曰：「某曾聞此洞有條路，實不知詳細。」蔣琬曰：「孟獲四次遭擒，既已喪膽，安敢再出？況今天氣炎熱，軍馬疲乏，征之無益；不如班師回國。」孔明曰：「若如此，正中孟獲之計也。吾軍一退，彼必乘勢追之。今已到此，安有復回之理？」遂令王平領數百軍為前部；却教新降蠻兵引路，尋西北小路而入。前到一泉，人馬皆渴，爭飲此水。王平探有此路，回報孔明。比及到大寨之時，皆不能言，但指口而已。

孔明大驚，知是中毒，遂自駕小車，引數十人前來看時，見一潭清水，深不見底，水氣凜凜，軍不敢試。孔明下車，登高望之，四壁峯嶺，鳥雀不聞，心中大疑。忽望見遠遠山岡之上，有一古廟。孔明攀藤附葛而到，見一石屋之中，塑一將軍端坐，旁有石碑，乃漢伏波將軍馬援之廟：因平蠻到此，土人立廟祀之。孔明再拜曰：「亮受先帝託孤之重，今承聖旨，到此平蠻；欲待蠻方既平，然後

伐魏吞吳，重安漢室。今軍士不識地理，誤飲毒水，不能出聲。萬望尊神，念本朝恩義，通靈顯聖，護祐三軍！」

祈禱已畢，出廟尋土人問之。隱隱望見對山一老叟扶杖而來，形容甚異。孔明請老叟入廟，禮畢，對坐於石上。孔明問曰：「丈者高姓？」老叟曰：「老夫久聞大國丞相隆名，幸得拜見！蠻方之人，多蒙丞相活命，皆感恩不淺。」孔明問泉水之故。老叟答曰：「軍所飲水，乃啞泉之水也：飲之難言，數日而死。此泉之外，又有三泉：東南有一泉，其水至冷，人若飲之，咽喉無煖氣，身軀輭弱而死－－名曰柔泉。正南有一泉，人若濺之在身，手足皆黑而死－－名曰黑泉。西南有一泉，沸如熱湯，人若浴之，皮肉盡脫而死－－名曰滅泉。敝處有此四泉，毒氣所聚，無藥可治。又煙瘴甚起，惟未、申、酉三個時辰可往來；餘者時辰，皆瘴氣密布，觸之卽死。」

孔明曰：「如此則蠻方不可平矣。蠻方不平，安能併吞吳、魏再興漢室？有負先帝託孤之重，生不如死也！」老叟曰：「丞相勿憂：老夫指引一處，可以解之。」孔明曰：「老丈有何高見，望乞指教。」老叟曰：「此去正西

數里，有一山谷。入內行二十里，有一溪名曰萬安溪。上有一高士，號為『萬安隱者』：此人不出溪，有數十餘年矣。其草庵後有一泉，名安樂泉。人若中毒，汲其水飲之即愈。有人或生疥癩，或感瘴氣，於萬安溪內浴之，自然無事。更兼庵前有一等草，名曰『薤葉芸香』。人若口含一葉，則瘴氣不染。丞相可速往求之。」孔明拜謝，問曰：「承丈者如此活命之德，感刻不勝。願聞高姓？」老叟入廟曰：「吾乃本處山神，奉伏波將軍之命，特來指引。」言訖，喝開廟後石壁而入。孔明驚訝不已，再拜廟神，尋舊路上車，回到大寨。

次日，孔明備信香①禮物，引王平及眾啞軍，連夜望山神所言去處，迤邐而進。入山谷小徑，約行二十餘里，但見長松大柏，茂竹奇花，環繞一莊；籬落之中，有數間茅屋，聞得馨香噴鼻。孔明大喜，到莊前扣戶，有一小童出。孔明方欲通姓名，早有一人，竹冠草履，白袍皂縧，碧眼黃髮，忻然出曰：「來者莫非漢丞相否？」孔明笑曰：「高士何以知之？」隱者曰：「久聞丞相大纛南征，安得不知？」遂邀孔明入草堂。禮畢，分賓主坐定。孔明告曰：「亮受昭烈皇帝託孤之重，今承嗣君聖旨，領大軍至此，

欲服蠻邦，使歸王化。不期孟獲潛入洞中，軍士誤飲啞泉
之水。夜來蒙伏波將軍顯聖，言高士有藥泉，可以治之。
望乞矜念，賜神水以救眾兵殘生。」隱者曰：「量老夫山
野廢人，何勞丞相枉駕？此泉就在庵後。」教取來飲。

於是童子引王平等一起啞軍，來到溪邊，汲水飲之；
隨即吐出惡涎，便能言語。童子又引眾軍到萬安溪中沐浴。
隱者於庵中進柏子茶、松花菜，以待孔明。隱者告曰：
「此間蠻洞多毒蛇惡蝎，柳花飄入溪泉之間，水不可飲；
但掘地為泉，汲水飲之方可。」孔明求「薤葉芸香」，隱
者令眾軍儘意採取：「各人口含一葉，自然瘴氣不侵。」
孔明拜求隱者姓名。隱者笑曰：「某乃孟獲之兄孟節是
也。」孔明愕然。隱者又曰：「丞相休疑，容伸片言：某
一父母所生三人：長即老夫孟節，次孟獲，又次孟優。父
母皆亡。二弟強惡，不歸王化。某屢諫不從，故更名改姓，
隱居於此。今辱弟造反，又勞丞相深入不毛之地，如此生
受②，孟節合該萬死：故先於丞相之前請罪。」孔明歎曰：
「方信盜跖、下惠③之事，今亦有之。」遂與孟節曰：
「吾申奏天子，立公為王，可乎？」節曰：「為嫌功名而
逃於此，豈復有貪富貴之意？」孔明乃具金帛贈之。孟節

堅辭不受。孔明嗟歎不已，拜別而回。後人有詩曰：

> 高士幽棲獨閉關，武侯曾此破諸蠻。至今古木無
> 人境，猶有寒煙鎖舊山。

孔明回到大寨之中，令軍士掘地取水。掘下二十餘丈，並無滴水。凡掘十餘處，皆是如此。軍心驚慌。孔明夜半焚香告天曰：「臣亮不才，仰承大漢之福，受命平蠻。今途中乏水，軍馬枯渴。倘上天不絕大漢，即賜甘泉！若氣運已終，臣亮等願死於此處！」是夜祝罷，平明視之，皆得滿井甘泉。後人有詩曰：

> 為國平蠻統大兵，心存正道合神明。耿恭拜井甘
> 泉出，諸葛虔誠水夜生。

孔明軍馬既得甘泉，遂安然由小徑直入禿龍洞前下寨。

蠻兵探知，來報孟獲曰：「蜀兵不染瘴疫之氣，又無枯渴之患，諸泉皆不應。」朵思大王聞知不信，自與孟獲來高山望之。只見蜀兵安然無事，大桶小擔，搬運水漿，

飲馬造飯。朵思見之，毛髮聳然，回顧孟獲曰：「此乃神
兵也！」獲曰：「吾兄弟二人與蜀兵決一死戰，就殞於軍
前，安肯束手受縛！」朵思曰：「若大王兵敗，吾妻子亦
休矣。當殺牛宰馬，大賞洞丁，不避水火，直衝蜀寨，方
可得勝。」

　　於是大賞蠻兵。正欲起程，忽報洞後迤西銀冶洞二十
一洞主楊鋒引三萬兵來助戰。孟獲大喜曰：「鄰兵助我，
我必勝矣！」即與朵思大王出洞迎接。楊鋒引兵入曰：
「吾有精兵三萬，皆披鐵甲，能飛山越嶺，足以敵蜀兵百
萬；我有五子，皆武藝足備：願助大王。」鋒令五子入拜，
皆彪軀虎體，威風抖擻。孟獲大喜，遂設席相待楊鋒父子。
酒至半酣，鋒曰：「軍中少樂，吾隨軍有蠻姑，善舞刀牌，
以助一笑。」獲忻然從之。須臾，數十蠻姑，皆披髮跣足，
從帳外舞跳而入。羣蠻拍手以歌和之。楊鋒令二子把盞。
二子舉盃詣孟獲、孟優前。二人接盃，方欲飲酒，鋒大喝
一聲，二子早將孟獲、孟優執下座來。朵思大王却待要走，
已被楊鋒擒了。蠻姑橫截於帳上，誰敢近前，獲曰：
「『兔死狐悲，物傷其類』。吾與汝皆是各洞之主，往日
無冤，何故害我？」鋒曰：「吾兄弟子姪皆感諸葛丞相活

命之恩，無可以報。今汝反叛，何不擒獻？」

　　於是各洞蠻兵，皆走回本鄉。楊鋒將孟獲、孟優、朵思等解赴孔明寨來。孔明令入。楊鋒等拜於帳下曰：「某等子姪皆感丞相恩德，故擒孟獲、孟優等呈獻。」孔明重賞之，令驅孟獲入。孔明笑曰：「汝今番心服乎？」獲曰：「非汝之能，乃吾洞中之人，自相殘害，以致如此。要殺便殺，只是不服！」孔明曰：「汝賺吾入無水之地，更以啞泉、滅泉、黑泉、柔泉如此之毒，吾軍無恙，豈非天意乎？汝何如此執迷？」獲又曰：「吾祖居銀坑山中，有三江之險，重關之固。汝若就彼擒之，吾當子子孫孫，傾心服事。」孔明曰：「吾再放汝回去，重整兵馬，與吾共決勝負；如那時擒住，汝再不服，當滅九族。」叱左右去其縛，放起孟獲。獲再拜而去。孔明又將孟優并朵思大王皆釋其縛，賜酒食壓驚。二人悚懼，不敢正視。孔明令鞍馬送回。正是：深臨險地非容易，更展奇謀豈偶然？未知孟獲整兵再來，勝負如何，且看下文分解。

───────

①　信香－－迷信的說法：虔誠地燒香，這香味就可當作
信使，達到神的面前，使神知道他的願望。

②　生受－－難為、煩勞的意思。

③　盜跖、下惠－－都是春秋時候的人。下惠，是有名的
賢者柳下惠。盜跖，是有名的大強盜。他們雖然是兄弟，
但兩人的行為完全不同。

第九十回　驅巨獸六破蠻兵　燒藤甲七擒孟獲

　　却說孔明放了孟獲等一干人，楊鋒父子皆封官爵，重賞洞兵。楊鋒等拜謝而去。孟獲等連夜奔回銀坑洞。那洞外有三江：乃是瀘水、甘南水、西城水。三路水會合，故為三江。其洞北近平坦二百餘里，多產萬物。洞西二百餘里，有鹽井。西南二百里，直抵瀘、甘。正南三百里，乃是梁都洞，洞中有山，環抱其洞；山上出銀礦，故名為銀坑山。山中置宮殿樓臺，以為蠻王巢穴。其中建一祖廟，名曰「家鬼」。四時殺牛宰馬享祭，名曰「卜鬼」。每年常以蜀人并外鄉之人祭之。若人患病，不肯服藥，只禱師巫，名為「藥鬼」。其處無刑法，但犯罪即斬。有女長成，却於溪中沐浴，男女自相混淆，任其自配，父母不禁，名為「學藝」。年歲雨水均調，則種稻穀；倘若不熟，殺蛇為羹，煮象為飯。每方隅之中，上戶號曰「洞主」，次曰「酋長」。每月初一、十五兩日，皆在三江城中買賣，轉易貨物：其風俗如此。

　　却說孟獲在洞中，聚集宗黨千餘人，謂之曰：「吾屢

受辱於蜀兵，立誓欲報之。汝等有何高見？」言未畢，一人應曰：「吾舉一人，可破諸葛亮。」衆視之，乃孟獲妻弟，現為八番部長，名曰「帶來洞主」。獲大喜，急問何人。帶來洞主曰：「此去西南八納洞，洞主木鹿大王，深通法術：出則騎象；能呼風喚雨；常有虎豹豺狼、毒蛇惡蠍跟隨。手下更有三萬神兵，甚是英勇。大王可修書具禮，某親往求之。此人若允，何懼蜀兵哉？」獲忻然，令國舅齎書而去。却令朵思大王守把三江城，以為前面屏障。

却說孔明提兵直至三江城，遙望見此城三面傍江，一面通旱；卽遣魏延、趙雲同嶺一軍，於旱路打城。軍到城下時，城上弓弩齊發：原來洞中之人，多習弓弩，一弩齊發十矢；箭頭上皆用毒藥；但有中箭者，皮肉皆爛，見五臟而死。趙雲、魏延不能取勝，回見孔明，言藥箭之事。孔明自乘小車，到軍前看了虛實，回到寨中，令軍退數里下寨。蠻兵望見蜀兵遠退，皆大笑作賀，只疑蜀兵懼怯而退；因此夜間安心穩睡，不去哨探。

却說孔明約軍退後，卽閉寨不出。一連五日。並無號令。黃昏左側，忽起微風。孔明傳令曰：「每軍要衣襟一

幅，限一更時分應點。無者立斬。」諸將皆不知其意，衆軍依令預備。初更時分，又傳令曰：「每軍衣襟一幅，包土一包。無者立斬。」衆軍亦不知其意，只得依令預備。孔明又傳令曰：「諸軍包土，俱在三江城下交割。先到者有賞。」衆軍聞令，皆包淨土，飛奔城下。孔明令積土為蹬道①，先上城者為頭功。於是蜀兵十餘萬，并降兵萬餘，將所包之土，一齊棄於城下。一霎時，積土成山，接連城上。一聲暗號，蜀兵皆上城。蠻兵急放弩時，大半早被執下。餘者棄城而走。朶思大王死於亂軍之中。蜀將督軍分路剿殺。孔明取了三江城。所得珍寶，皆賞三軍。敗殘蠻兵逃回，見孟獲說：「朶思大王身死，失了三江城。」獲大驚。

正慮之間，人報蜀兵已渡江，見在本洞前下寨。孟獲甚是慌張。忽然屛風後一人大笑而出曰：「旣為男子，何無智也？我雖是一婦人，願與你出戰。」獲視之，乃妻祝融夫人也。夫人世居南蠻，乃祝融氏②之後；善使飛刀，百發百中。孟獲起身稱謝。夫人忻然上馬，引宗黨猛將數百員、生力洞兵五萬，出銀坑宮闕來，與蜀兵對敵。方纔轉過洞口，一彪軍攔住：為首蜀將，乃是張嶷。蠻兵見之，

237

却早兩路擺開。祝融夫人背插五口飛刀，手挺丈八長標，坐下捲毛赤兔馬。張嶷見之，暗暗稱奇。二人驟馬交鋒。戰不數合，夫人撥馬便走。張嶷趕去，空中一把飛刀落下。嶷急用手隔，正中左臂，翻身落馬。蠻兵發一聲喊，將張嶷執縛去了。馬忠聽得張嶷被執，急出救時，早被蠻兵困住。望見祝融夫人挺標勒馬而立，忠忿怒向前去戰，坐下馬絆倒，亦被擒了。都解入洞中來見孟獲。獲設席慶賀。夫人叱刀斧手推出張嶷、馬忠要斬。獲止曰：「諸葛亮放吾五次，今番若斬彼將，是不義也。且囚在洞中，待擒住諸葛亮，殺之未遲。」夫人從其言，笑飲作樂。

却說敗殘兵來見孔明，告知其事。孔明即喚馬岱、趙雲、魏延三人受計。各自領軍前去。次日，蠻兵報入洞中，說趙雲搦戰。祝融夫人即上馬出迎。二人戰不數合，雲撥馬便走。夫人恐有埋伏，勒兵而回。延又引軍來搦戰，夫人縱馬相迎。正交鋒緊急，延詐敗而逃，夫人只不趕。次日，趙雲又引軍來搦戰，夫人領洞兵出迎。二人戰不數合，雲詐敗而走，夫人按標不趕。欲收兵回洞時，魏延引軍齊聲辱罵，夫人急挺標來取魏延。延撥馬便走。夫人忿怒趕來，延驟馬奔入山僻小路。忽然背後一聲響亮，延回頭視

之，夫人仰鞍落馬：原來馬岱埋伏在此，用絆馬索絆倒，就裏擒縛，解投大寨而來。蠻將洞兵皆來救時，趙雲一陣殺散。孔明端坐於帳上。馬岱解祝融夫人到，孔明即令武士去其縛，請在別帳賜酒壓驚，遣使往告孟獲，欲送夫人換張嶷、馬忠二將。

孟獲允諾，即放出張嶷、馬忠，還了孔明。孔明遂送夫人入洞。孟獲接入，又喜又惱。忽報八納洞主到。孟獲出帳迎接，見其人騎着白象，身穿金珠纓絡，腰懸兩口大刀，領着一班餵養虎豹豺狼之士，簇擁而入。獲再拜哀告，訴說前事。木鹿大王許以報讎。獲大喜，設宴相待。次日木鹿大王引本洞兵帶猛獸而出。趙雲、魏延聽知蠻兵出，遂將軍馬布成陣勢。二將並轡立於陣前視之，只見蠻兵旗幟器械皆別；人多不穿衣甲，盡裸身赤體，面目醜陋；身帶四把尖刀；軍中不鳴鼓角，但篩金為號；木鹿大王腰挂兩把寶刀，手執蒂鐘，身騎白象，從大旗中而出。趙雲見了，謂魏延曰：「我等上陣一生，未嘗見如此人物。」二人正沈吟之際，只見木鹿大王口中不知念甚咒語，手搖蒂鐘。忽然狂風大作，飛砂走石，如同驟雨，一聲畫角響，虎豹豺狼，毒蛇猛獸，乘風而出，張牙舞爪，衝將過來。

蜀兵如何抵當，往後便退。蠻兵隨後追殺，直趕到三江界路方回。趙雲、魏延收聚敗兵，來孔明帳前請罪，細說此事。

孔明笑曰：「非汝二人之罪。吾未出茅廬之時，先知南蠻有驅虎豹之法。吾在蜀中已辦下破此陣之物也：隨軍有二十輛車，俱封記在此。今日且用一半；留下一半，後有別用。」遂令左右取了十輛紅油櫃車到帳下，留十輛黑油櫃車在後。眾皆不知其意。孔明將櫃打開，皆是木刻綵畫巨獸，俱用五色絨線為毛衣，鋼鐵為牙爪，一個可騎坐十人。孔明選了精壯軍士一千餘人，領了一百口，內裝煙火之物，藏在車中。次日，孔明驅兵大進，布於洞口。蠻兵探知，入洞報與蠻王。木鹿大王自謂無敵，即與孟獲引洞兵而出。孔明綸巾羽扇，身衣道袍，端坐於車上。孟獲指曰：「車上坐的便是諸葛亮！若擒住此人，大事定矣！」木鹿大王口中念咒，手搖蒂鐘。頃刻之間，狂風大作，猛獸突出。孔明將羽扇一搖，其風便回吹彼陣中去了。蜀陣中假獸擁出。蠻洞真獸見蜀陣巨獸口吐火燄，鼻出黑煙，身搖銅鈴，張牙舞爪而來，諸惡獸不敢前進，皆奔回蠻洞，反將蠻兵衝倒無數。孔明驅兵大進，鼓角齊鳴，望前追殺。

木鹿大王死於亂軍之中。洞內孟獲宗黨，皆棄宮闕，扒山越嶺而走。孔明大軍占了銀坑洞。

次日，孔明正要分兵緝擒孟獲，忽報：「蠻王孟獲妻弟帶來洞主，因勸孟獲歸降，獲不從，今將孟獲並祝融夫人及宗黨數百餘人盡皆擒來，獻與丞相。」孔明聽知，即喚張嶷、馬忠，分付如此如此。二將受了計，引二千精壯兵，伏於兩廊。孔明即令守門將，俱放進來。帶來洞主引刀斧手解孟獲等數百人，拜於殿下。孔明大喝曰：「與吾擒下！」兩廊壯兵齊出，二人捉一人，盡被執縛。孔明大笑曰：「量汝些小詭計，如何瞞得過我！汝見二次俱是本洞人擒汝來降，吾不加害汝，只道吾深信，故來詐降，欲就洞中殺吾！」喝令武士搜其身畔，果然各帶利刀。孔明問孟獲曰：「汝原說在汝家擒住，方始心服；今日如何？」獲曰：「此是我等自來送死，非汝之能也。吾心未服。」孔明曰：「吾擒住六番，尚然不服，欲待何時耶？」獲曰：「汝第七次擒住，吾方傾心歸服，誓不反矣。」孔明曰：「巢穴已破，吾何慮哉？」令武士盡去其縛，叱之曰：「這番擒住，再若支吾，必不輕恕！」孟獲等抱頭鼠竄而去。

　　却說敗殘蠻兵有千餘人，大半中傷而逃，正遇蠻王孟獲。獲收了敗兵，心中稍喜，却與帶來洞主商議曰：「吾今洞府已被蜀兵所占，今投何地安身？」帶來洞主曰：「止有一國可以破蜀。」獲喜曰：「何處可去？」帶來洞主曰：「此去東南七百里，有一國名烏戈國。國主兀突骨，身長丈二，不食五穀，以生蛇惡獸為飯；身有鱗甲，刀箭不能侵。其手下軍士，俱穿藤甲；其藤生於山澗之中，盤於石壁之內；國人採取浸於油中，半年方取出晒之；晒乾復浸，凡十餘遍，却纔造成鎧甲；穿在身上，渡江不沈，經水不濕，刀箭皆不能入。因此號為『藤甲軍』。今大王可往求之。若得彼相助，擒諸葛亮如利刀破竹也。」孟獲大喜，遂投烏戈國，來見兀突骨。其洞無宇舍，皆居土穴之內。孟獲入洞。再拜哀告前事。兀突骨曰：「吾起本洞之兵，與汝報讐。」獲欣然拜謝。於是兀突骨喚兩個領兵俘長：一名土安，一名奚泥，起三萬兵，皆穿藤甲，離烏戈國望東北而來。行至一江，名桃花水。兩岸有桃樹，歷年落葉於水中，若別國人飲之盡死；惟烏戈國人飲之，倍

添精神。兀突骨兵至桃花渡口下寨，以待蜀兵。

　　却說孔明令蠻人哨探孟獲消息，回報曰：「孟獲請烏戈國主，引三萬藤甲軍，見屯於桃花渡口。孟獲又在各番聚集蠻兵，併力拒戰。」孔明聽說，提兵大進，直至桃花渡口，隔岸望見蠻兵不類人形，甚是醜惡；又問土人，言說卽日桃葉正落，水不可飲。孔明退五里下寨，留魏延守寨。

　　次日，烏戈國主引一彪藤甲軍過河來，金鼓大震。魏延引兵出迎。蠻兵捲地而至。蜀兵以弩箭射到藤甲之上，皆不能透，俱落於地；刀砍鎗刺，亦不能入。蠻兵皆使利刀鋼叉，蜀兵如何抵當，盡皆敗走。蠻兵不趕而回。魏延復回，趕到桃花渡口，只見蠻兵帶甲渡水而去；內有困乏者，將甲脫下，放在水面，以身坐其上而渡。魏延急回大寨，來稟孔明，細言其事。孔明請呂凱并土人問之。凱曰：「某素聞南蠻中有一烏戈國，無人倫者也。更有藤甲護身，急切難傷。又有桃葉惡水，本國人飲之，反添精神；別國人飲之卽死：如此蠻方，縱使全勝，有何益焉？不如班師早回。」孔明笑曰：「吾非容易到此，豈可便去？吾明日

自有平蠻之策。」於是令趙雲助魏延守寨，且休輕出。

　　次日，孔明令土人引路，自乘小車到桃花渡口北岸山僻去處，遍觀地理。山險嶺峻之處，車不能行，孔明棄車步行。忽到一山，望見一谷，形如長蛇，皆危峭石壁，並無樹木，中間一條大路。孔明問土人曰：「此谷何名？」土人答曰：「此處名為盤蛇谷。出谷則三江城大路。谷前名塔郎甸。」孔明大喜曰：「此乃天賜吾成功於此也！」遂回舊路，上車歸寨，喚馬岱分付曰：「與汝黑油櫃車十輛，須用竹竿千條。櫃內之物，如此如此。可將本部兵去把住盤蛇谷兩頭，依法而行。與汝半月限，一切完備。至期如此施設。倘有走漏，定按軍法。」馬岱受計而行。又喚趙雲分付曰：「汝去盤蛇谷後，三江大路口如此守把。所用之物，尅日完備。」趙雲受計而去。又喚魏延分付曰：「汝可引本部兵去桃花渡口下寨。如蠻兵渡水來敵，汝便棄了寨，望白旗處而走。限半個月內，須要連輸十五陣，棄七個寨柵。若輸十四陣，也休來見我。」魏延領命，心中不樂，怏怏而去。孔明又喚張翼另引一軍，依所指之處，築立寨柵去了。却令張嶷、馬忠引本洞所降千人，如此行之：各人都依計而行。

　　却說孟獲與烏戈國主兀突骨曰：「諸葛亮多有巧計，只是埋伏。今後交戰，分付三軍：但見山谷之中，林木多處，不可輕進。」兀突骨曰：「大王說的有理。吾已知道中國人多行詭計。今後依此言行之。吾在前面厮殺，汝在背後教道。」兩人商量已定。忽報蜀兵在桃花渡口北岸立起營寨。兀突骨卽差二俘長引藤甲軍渡河來，與蜀兵交戰。不數合，魏延敗走。蠻兵恐有埋伏，不趕自回。次日，魏延又去立了營寨。蠻兵哨得，又引衆軍渡過河來戰。延出迎之。不數合，延敗走。蠻兵追殺十餘里，見四下並無動靜，便在蜀寨中屯住。次日，二俘長請兀突骨到寨，說知此事。兀突骨卽引兵大進，將魏延追一陣。蜀兵皆棄甲拋戈而走。只見前有白旗，延引敗兵，急奔到白旗處，早有一寨，就寨中屯住。兀突骨驅兵追至，延引兵棄寨而走。蠻兵得了蜀寨。次日，又望前追殺。魏延回兵交戰，不三合又敗，只看白旗處而走。又有一寨，延就寨屯住。次日，蠻兵又至。延略戰又走。蠻兵占了蜀寨。

　　話休絮煩：魏延且戰且走，已敗十五陣，連棄七個營寨。蠻兵大進追殺。兀突骨自在軍前破敵，於路但見林木

茂盛之處，便不敢進；却使人遠望，果見樹陰之中，旌旗
招颺。兀突骨謂孟獲曰：「果不出大王所料。」孟獲大笑
曰：「諸葛亮今番被吾識破！大王連日勝了他十五陣，奪
了七個營寨，蜀兵望風而走。諸葛亮已是計窮；只此一進，
大事定矣！」兀突骨大喜，遂不以蜀兵為念。至第十六日，
魏延引敗殘兵來，與藤甲軍對敵。兀突骨騎象當先，頭戴
日月狼鬚帽，身披金珠纓絡，兩肋下露出生鱗甲，眼目中
微有光芒；手指魏延大罵。延撥馬便走。後面蠻兵大進。
魏延引兵轉過了盤蛇谷，望白旗而走。兀突骨統引兵衆，
隨後追殺。兀突骨望見山上並無草木，料無埋伏，放心追
殺。趕到谷中，見數十輛黑油櫃車在當路。蠻兵報曰：
「此是蜀兵運糧道路，因大王兵至，撇下糧車而走。」兀
突骨大喜，催兵追趕。將出谷口，不見蜀兵。只見橫木亂
石滾下，壘斷谷口。兀突骨令兵開路而進，忽見前面大小
車輛，裝載乾柴，盡皆火起。兀突骨忙教退兵，只聞後軍
發喊，報說谷口已被乾柴壘斷。車中原來皆是火藥，一齊
燒着。兀突骨見無草木，心尚不慌，令尋路而走。只見山
上兩邊亂丟火把。火把到處，地中藥線皆着，就地飛起鐵
礮。滿谷中火光亂舞。但逢藤甲，無有不着。將兀突骨并
三萬藤甲軍，燒得互相擁抱，死於盤蛇谷中。孔明在山上

往下看時，只見蠻兵被火燒的伸拳舒腿，大半被鐵礮打的頭臉粉碎，皆死於谷中，臭不可聞。孔明垂淚而歎曰：「吾雖有功於社稷，必損壽矣！」左右將士，無不感歎。

却說孟獲在寨中，正望蠻兵回報。忽然千餘人笑拜於寨前，言說：「烏戈國兵與蜀兵大戰，將諸葛亮圍在盤蛇谷中了。特請大王前去接應。我等皆是本洞之人，不得已而降蜀。今知大王前到，特來助戰。」孟獲大喜，即引宗黨并所聚番人，連夜上馬；就令蠻兵引路。方到盤蛇谷時，只見火光甚起，臭味難聞。獲知中計，急退兵時，左邊張嶷，右邊馬忠，兩路軍殺出。獲方欲抵敵，一聲喊起，蠻兵中大半皆是蜀兵，將蠻王宗黨并聚集的番人，盡皆擒了。孟獲匹馬殺出重圍，望山徑而走。

正走之間，見山凹裏一簇人馬，擁出一輛小車；車中端坐一人，綸巾羽扇，身衣道袍：乃孔明也。孔明大喝曰：「反賊孟獲！今番如何？」獲急回馬走。旁邊閃過一將，攔住去路：乃是馬岱。孟獲措手不及，被馬岱生擒活捉了。此時王平、張翼已引一軍，趕到蠻寨中，將祝融夫人并一應老小皆活捉而來。

孔明歸到寨中，升帳而坐，謂衆將曰：「吾今此計，不得已而用之，大損陰德：我料敵人必算吾於林木多處埋伏，吾却空設旌旗，實無兵馬，疑其心也。吾令魏文長連輸十五陣者，堅其心也。吾見盤蛇谷止一條路，兩壁廂皆是光石，並無樹木，下面都是沙土，因令馬岱將黑油車安排於谷中。車中油櫃內，皆是預先造下的火礮，名曰『地雷』。一礮中藏九礮，三十步埋之。中用竹竿通節，以引藥線；纔一發動，山殨石裂。吾又令趙子龍預備草車，安排於谷口。又於山上準備大木亂石。却令魏延賺兀突骨幷藤甲軍入谷，放出魏延，卽斷其路，隨後焚之。吾聞：『利於水者必不利於火。』藤甲雖刀箭不入，乃油浸之物，見火必着。蠻兵如此頑皮，非火攻安能取勝？——使烏戈國之人不留種類者，是吾之大罪也！」衆將拜伏曰：「丞相天機，鬼神莫測也！」孔明令押過孟獲來。孟獲跪於帳下。孔明令去其縛，教且在別帳與酒食壓驚。孔明喚管酒食官至坐榻前，如此如此，分付而去。

却說孟獲與祝融夫人幷孟獲、帶來洞主、一切宗黨在別帳飲酒。忽一人入帳謂孟獲曰：「丞相面羞，不欲與公

相見。特令我來放公回去，再招人馬來決勝負。公今可速去。」孟獲垂淚言曰：「七擒七縱，自古未嘗有也。吾雖化外之人，頗知禮義，直如此無羞恥乎？」遂同兄弟妻子宗黨人等，皆匍匐跪於帳下，肉袒③謝罪曰：「丞相天威，南人不復反矣！」孔明曰：「公今服乎？」獲泣謝曰：「某子子孫孫皆感覆載生成之恩，安得不服？」孔明乃請孟獲上帳，設宴慶賀，就令永為洞主。所奪之地，盡皆退還。孟獲宗黨及諸蠻兵，無不感戴，皆欣然跳躍而去。後人有詩讚孔明曰：

羽扇綸巾擁碧幢，七擒妙策制蠻王。至今溪洞傳威德，為選高原立廟堂。

長史費禕入諫曰：「今丞相親提士卒，深入不毛，收服蠻方；蠻王今既已歸服，何不置官吏，與孟獲一同守之？」孔明曰：「如此有三不易：留外人則當留兵，兵無所食，一不易也；蠻人傷破，父兄死亡，留外人而不留兵，必成禍患，二不易也；蠻人累有廢殺之罪，自有嫌疑，留外人終不相信，三不易也。今吾不留人，不運糧，與相安於無事而已。」眾人盡服。於是蠻方皆感孔明恩德，乃為

孔明立生祠，四時享祭；皆呼之為「慈父」；各送珍珠金寶、丹漆藥材、耕牛戰馬，以資軍用，誓不再反：南方已定。

却說孔明犒軍已畢，班師回蜀，令魏延引本部兵為前鋒。延引兵方至瀘水，忽然陰雲四合，水面上一陣狂風驟起，飛沙走石，軍不能進。延退兵回報孔明。孔明遂請孟獲問之。正是：塞外蠻人方帖服，水邊鬼卒又猖狂。未知孟獲所言若何，且看下文分解。

－－－－－－

① 蹬道－－有階踏的道路。

② 祝融氏－－古代傳說，他是顓頊氏的兒子，是火神。

③ 肉袒－－把衣服脫掉一部份，露出身體，表示願意接受人家的處罰，也就是降服的意思。

第九十一回　祭瀘水漢相班師　伐中原武侯上表

　　却說孔明班師回國，孟獲率引大小洞主酋長，及諸部落羅拜相送；前軍至瀘水，時值九月秋天，忽然陰雲布合，狂風驟起；兵不能渡，回報孔明。孔明遂問孟獲。獲曰：「此水原有猖神作禍，往來者必須祭之。」孔明曰：「用何物祭享？」獲曰：「舊時國中因猖神作禍，用七七四十九顆人頭并黑牛白羊祭之，自然風恬浪靜，更兼連年豐稔。」孔明曰：「吾今事已平定，安可妄殺一人？」遂自到瀘水岸邊觀看。果見陰風大起，波濤洶湧，人馬皆驚。孔明甚疑，即尋土人問之。土人告說：「自丞相經過之後，夜夜只聞得水邊鬼哭神號。自黃昏直至天曉，哭聲不絕。瘴煙之內，陰鬼無數。因此作禍，無人敢渡。」孔明曰：「此乃我之罪愆也：前者馬岱引蜀兵千餘，皆死於水中；更兼殺死南人，盡棄此處：狂魂怨鬼，不能解釋，以致如此。吾今晚當親自往祭。」土人曰：「須依舊例，殺四十九顆人頭為祭，則怨鬼自散也。」孔明曰：「本為人死而成怨鬼，豈可又殺生人耶？吾自有主意。」喚行廚宰殺牛馬，和麵為劑，塑成人頭，內以牛羊等肉代之，名曰「饅

頭。」當夜於瀘水岸上，設香案，鋪祭物，列燈四十九盞，揚幡招魂；將饅頭等物，陳設於地。三更時分，孔明金冠鶴氅，親自臨祭，令董厥讀祭文。其文曰：

維大漢建興三年秋九月一日，武鄉侯領益州牧丞相諸葛亮，謹陳祭儀，享於故歿王事蜀中將校及南人亡者陰魂曰：

我大漢皇帝，威勝五霸，明繼三王。昨自遠方侵境，異俗起兵；縱蠆尾以興妖，恣狼心而逞亂。我奉王命，問罪遐荒；大舉貔貅，悉除螻蟻；雄軍雲集，狂寇冰消；纔聞破竹之聲，便是失猿之勢。但士卒兒郎，盡是九州豪傑；官僚將校，皆為四海英雄：習武從戎，投明事主，莫不同申三令，共展七擒；齊堅奉國之誠，共效忠君之志。何期汝等偶失兵機，緣落奸計：或為流矢所中，魂掩泉臺；或為刀劍所傷，魄歸長夜：生則有勇，死則成名。今凱歌欲還，獻俘將及。汝等英靈尚在，祈禱必聞。隨我旌旗，逐我部曲，同回上國，各認本鄉，受骨肉之蒸嘗，領家人之祭祀；莫作他鄉之鬼，徒為異域之魂。我當奏之天子，使爾等各家盡霑恩露，年給衣糧，月賜廩祿：用茲酬答，

以慰汝心。至於本境土神，南方亡鬼，血食有常，憑依不遠。生者既凜天威，死者亦歸王化。想宜寧帖，毋致號咷。聊表丹誠，敬陳祭祀。嗚呼，哀哉！伏惟尚饗！

讀畢祭文，孔明放聲大哭，極其痛切，情動三軍，無不下淚。孟獲等眾，盡皆哭泣。只見愁雲怨霧之中，隱隱有數千鬼魂，皆隨風而散。於是孔明令左右將祭物盡棄於瀘水之中。

次日，孔明引大軍俱到瀘水南岸，但見雲收霧散，風靜浪平。蜀兵安然盡渡瀘水。果然「鞭敲金鐙響，人唱凱歌還」。行到永昌，孔明留王伉，呂凱守四郡；發付孟獲領眾自回，囑其勤政馭下，善撫居民，勿失農務。孟獲涕泣拜別而去。孔明自引大軍回成都。後主排鑾駕出郭三十里迎接，下輦立於道傍，以候孔明。孔明慌下車伏道而言曰：「臣不能速平南方，使主上懷憂：臣之罪也。」後主扶起孔明，並車而回，設太平筵會，重賞三軍。自此遠邦進貢來朝者二百餘處。孔明奏准後主，將歿於王事者之家，一一優恤。人心歡悅，朝野清平。

　　却說魏主曹丕在位七年，卽蜀漢建興四年也。丕先納夫人甄氏，卽袁紹次子袁熙之婦，前破鄴城時所得。後生一子，名叡，字元仲，自幼聰明，丕甚愛之。後丕又納安平廣宗人郭永之女為貴妃，甚有顏色。其父嘗曰：「吾女乃女中之王也。」故號為「女王」。自丕納為貴妃，因甄夫人失寵，郭貴妃欲謀為后，却與幸臣張韜商議。時丕有疾，韜乃詐稱於甄夫人宮中掘得桐木偶人，上書天子年月日時，為魘鎮①之事。丕大怒，遂將甄夫人賜死，立郭貴妃為皇后。因無出，養曹叡為己子；雖甚愛之，不立為嗣。叡年至十五歲，弓馬熟嫻。當年春二月，丕帶叡出獵。行於山塢之間，趕出子母二鹿，丕一箭射倒母鹿，回觀小鹿馳於曹叡馬前。丕大呼曰：「吾兒何不射之？」叡在馬上泣告曰：「陛下已殺其母，安忍復殺其子？」丕聞之，擲弓於地曰：「吾兒真仁德之主也！」於是封叡為平原王。

　　夏五月，丕感寒疾，醫治不痊，乃召中軍大將軍曹真、鎮軍大將軍陳羣、撫軍大將軍司馬懿三人入寢宮。丕喚曹叡至，指謂曹真等曰：「今朕病已沈重，不能復生。此子

年幼，卿等三人，可善輔之，勿負朕心。」三人皆告曰：

「陛下何出此言？臣等願竭力以事陛下，至千秋萬歲。」

丕曰：「今年許昌城門無故自崩，乃不祥之兆，朕故自知

必死也。」正言間，內侍奏征東大將軍曹休入宮問安。丕

召入謂曰：「卿等皆國家柱石之臣也：若能同心輔朕之子，

朕死亦瞑目矣！」言訖，墜淚而薨。時年四十歲，在位七

年。於是曹真、陳羣、司馬懿、曹休等，一面舉哀，一面

擁立曹叡為大魏皇帝。諡父丕為文皇帝，諡母甄氏為文昭

皇后。封鍾繇為太傅，曹真為大將軍，曹休為大司馬，華

歆為太尉，王朗為司徒，陳羣為司空，司馬懿為驃騎大將

軍。其餘文武官僚，各各封贈。大赦天下。時雍、涼二州

缺人守把，司馬懿上表乞守西涼等處。曹叡從之，遂封懿

提督雍、涼等處兵馬。領詔去訖。

　　早有細作飛報入川。孔明大驚曰：「曹丕已死，孺子

曹叡即位，餘皆不足慮：司馬懿深有謀略，今督雍、涼兵

馬，倘訓練成時，必為蜀中之大患。不如先起兵伐之。」

參軍馬謖曰：「今丞相平南方回，軍馬疲敝，只宜存恤，

豈可復遠征？某有一計，使司馬懿自死於曹叡之手，未知

丞相鈞意允否？」孔明問是何計。馬謖曰：「司馬懿雖是

魏國大臣，曹叡素懷疑忌。何不密遣人往洛陽、鄴郡等處，
布散流言，道此人欲反；更作司馬懿告示天下榜文，遍貼
諸處，使曹叡心疑，必然殺此人也。」孔明從之，卽遣人
密行此計去了。

却說鄴城門上，忽一日見貼下告示一道。守門者揭了，
來奏曹叡。叡觀之，其文曰：

驃騎大將軍總領雍、涼等處兵馬事司馬懿，謹以
信義布告天下：昔太祖武皇帝，創立基業，本欲立陳思王
子建為社稷主；不幸奸讒交集，歲久潛龍。皇孫曹叡，素
無德行，妄自居尊，有負太祖之遺意。今吾應天順人，尅
日興師，以慰萬民之望。告示到日，各宜歸命新君。如不
順者，當滅九族！先此告聞，想宜知悉。

曹叡覽畢，大驚失色，急問群臣。太尉華歆奏曰：「司馬
懿上表乞守雍、涼，正為此也。先時太祖武皇帝嘗謂臣曰：
『司馬懿鷹視狼顧，不可付以兵權；久必為國家大禍。』

今日反情已萌，可速誅之。」王朗奏曰：「司馬懿深明韜略，善曉兵機，素有大志；若不早除，久必為禍。」叡乃降旨，欲興兵御駕親征。忽班部中閃出大將軍曹真奏曰：「不可：文皇帝託孤於臣等數人，是知司馬仲達無異志也。今事未知真假，遽爾加兵，乃逼之反耳。或者蜀、吳奸細行反間之計，使我君臣自亂，彼却乘虛而擊，未可知也：陛下幸察之。」叡曰：「司馬懿若果謀反，將奈何？」真曰：「如陛下心疑，可倣漢高偽遊雲夢之計②。御駕幸安邑，司馬懿必然來迎；觀其動靜，就車前擒之，可也。」叡從之，遂命曹真監國，親自領御林軍十萬，逕到安邑。

司馬懿不知其故，欲令天子知其威嚴，乃整兵馬，率甲士數萬來迎。近臣奏曰：「司馬懿果率兵十餘萬，前來抗拒，實有反心矣。」叡慌命曹休先領兵迎之。司馬懿見兵馬前來，只疑車駕親至，伏道而迎。曹休出曰：「仲達受先帝託孤之重，何故反耶？」懿大驚失色，汗流遍體，乃問其故。休備言前事。懿曰：「此吳、蜀奸細反間之計，欲使我君臣自相殘害，彼却乘虛而襲。某當自見天子辯之。」遂急退了軍馬，至叡車前俯伏泣奏曰：「臣受先帝託孤之重，安敢有異心？必是吳、蜀之奸計。臣請提一旅

之師，先破蜀，後伐吳，報先帝與陛下，以明臣心。」叡疑慮未決。華歆奏曰：「不可付之兵權。可即罷歸田里。」叡依言，將司馬懿削職回鄉，命曹休總督雍、涼軍馬。曹叡駕回洛陽。

却說細作探知此事，報入川中。孔明聞之大喜曰：「吾欲伐魏久矣，奈有司馬懿總雍、涼之兵。今既中計遭貶，吾有何憂？」次日，後主早朝，大會官僚。孔明出班上《出師表》一道。表曰：

臣亮言：先帝創業未半，而中道崩殂；今天下三分，益州罷敝，此誠危急存亡之秋也。然侍衞之臣，不懈於內；忠志之士，忘身於外者；蓋追先帝之殊遇，欲報之於陛下也。誠宜開張聖聽，以光先帝遺德，恢弘志士之氣；不宜妄自菲薄，引喻失義，以塞忠諫之路也。宮中府中③，俱為一體；陟罰臧否，不宜異同：若有作奸犯科，及為忠善者，宜付有司，論其刑賞，以昭陛下平明之治；不宜偏私，使內外異法也。侍中、侍郎郭攸之、費褘、董允等，

此皆良實,志慮忠純,是以先帝簡拔以遺陛下:愚以為宮中之事,事無大小,悉以咨之,然後施行,必得裨補闕漏,有所廣益。將軍向寵,性行淑均,曉暢軍事,試用之於昔日,先帝稱之曰「能」,是以眾議舉寵以為督:愚以為營中之事,事無大小,悉以咨之,必能使行陣和穆,優劣得所也。親賢臣,遠小人,此先漢所以興隆也;親小人,遠賢臣,此後漢所以傾頹也。先帝在時,每與臣論此事,未嘗不歎息痛恨於桓、靈也!侍中、尚書、長史、參軍④,此悉貞亮死節之臣也。願陛下親之、信之,則漢室之隆,可計日而待也。

　　臣本布衣,躬耕南陽,苟全性命於亂世,不求聞達於諸侯。先帝不以臣卑鄙,猥自枉屈,三顧臣於草廬之中,諮臣以當世之事,由是感激,遂許先帝以驅馳。後值傾覆,受任於敗軍之際,奉命於危難之間:爾來二十有一年矣。先帝知臣謹慎,故臨崩寄臣以大事也。受命以來,夙夜憂慮,恐付託不效,以傷先帝之明:故五月渡瀘,深入不毛。今南方已定,甲兵已足,當獎帥三軍,北定中原,庶竭駑鈍,攘除姦凶,興復漢室,還於舊都:此臣所以報先帝而忠陛下之職分也。至於斟酌損益,進盡忠言,則攸

之、褘、允之任也。願陛下託臣以討賊興復之效，不效則治臣之罪，以告先帝之靈；若無興復之言，則責攸之、褘、允等之咎，以彰其慢。陛下亦宜自謀，以諮諏善道，察納雅言，深追先帝遺詔。臣不勝受恩感激！今當遠離，臨表涕泣，不知所云。

　　後主覽表曰：「相父南征，遠涉艱難；方始回都，坐未安席；今又欲北征，恐勞神思。」孔明曰：「臣受先帝託孤之重，夙夜未嘗有怠；今南方已平，可無內顧之憂；不就此時討賊，恢復中原，更待何日？」忽班部中太史譙周出奏曰：「臣夜觀天象，北方旺氣正盛，星曜倍明，未可圖也。」乃謂孔明曰：「丞相深明天文，何故強為？」孔明曰：「天道變易不常，豈可拘執？吾今且駐軍馬於漢中，觀其動靜而後行。」譙周苦諫不從。於是孔明乃留郭攸之、董允、費褘等為侍中，總攝宮中之事。又留向寵為大將，總督御林軍馬，蔣琬為參軍；張裔為長史，掌丞相府事；杜瓊為諫議大夫；杜微、楊洪為尚書；孟光、來敏為祭酒；尹默、李譔為博士；郤正、費詩為祕書；譙周為太史：內外文武官僚一百餘員，同理蜀中之事。

孔明受詔歸府，喚諸將聽令：前督部鎮北將軍領丞相司馬涼州刺史都亭侯魏延，前軍都督領扶風太守張翼，牙門將裨將軍王平，後軍領兵使安漢將軍領建寧太守李恢，副將定遠將軍領漢中太守呂義，兼管運糧左軍領兵使平北將軍陳倉侯馬岱，副將飛衛將軍廖化，右軍領兵使奮威將軍博陽亭侯馬忠，撫戎將軍關內侯張嶷，行中軍師車騎大將軍都鄉侯劉琰，中監軍揚武將軍鄧芝，中參軍安遠將軍馬謖，前將軍都亭侯袁綝，左將軍高陽侯吳懿，右將軍玄都侯高翔，後將軍安樂侯吳班，領長史綏軍將軍楊儀，前將軍征南將軍劉巴，前護軍偏將軍漢城亭侯許允，左護軍篤信中郎將丁咸，右護軍偏將軍劉敏，後護軍典軍中郎將官雝，行參軍昭武中郎將胡濟，行參軍諫議將軍閻晏，行參軍偏將軍爨習，行參軍裨將軍杜義，武略中郎將杜祺，綏戎都尉盛（孛攵），從事武略中郎將樊岐，典軍書記樊建，丞相令史董厥，帳前左護衛使龍驤將軍關興，右護衛使虎翼將軍張苞——以上一應官員，都隨着平北大都督丞相武鄉侯領益州牧知內外事諸葛亮。分撥已定，又檄李嚴等守川口以拒東吳。選定建興五年春三月丙寅日，出師伐魏。忽帳下一老將，厲聲而進曰：「我雖年邁，尚有廉頗之勇，馬援之雄。此二古人皆不服老，何故不用我耶？」

眾視之：乃趙雲也。孔明曰：「吾自平南回都，馬孟起病故，吾甚惜之，以為折一臂也。今將軍年紀已高，倘稍有參差，動搖一世英名，減却蜀中銳氣。」雲厲聲曰：「吾自隨先帝以來，臨陣不退，遇敵則先。大丈夫得死於疆場者，幸也，吾何恨焉？願為前部先鋒。」孔明再三苦勸不住。雲曰：「如不教我為先鋒，就撞死於階下！」孔明曰：「將軍旣要為先鋒，須得一人同去——」言未盡，一人應曰：「某雖不才，願助老將軍先引一軍前去破敵。」孔明視之：乃鄧芝也。孔明大喜，卽撥精兵五千，副將十員，隨趙雲、鄧芝去訖。孔明出師，後主引百官送於北門外十里。孔明辭了後主，旌旗蔽野，戈戟如林，率軍望漢中迤邐進發。

却說邊庭探知此事，報入洛陽。是日曹叡設朝，近臣奏曰：「邊官報稱：諸葛亮率領大兵三十餘萬，出屯漢中，令趙雲、鄧芝為前部先鋒，引兵入境。」叡大驚，問羣臣曰：「誰可為將，以退蜀兵？」忽一人應聲而出曰：「臣父死於漢中，切齒之恨，未嘗得報。今蜀兵犯境，臣願引

本部猛將，更乞陛下賜關西之兵，前往破蜀：上為國家効力，下報父讎，臣萬死不恨！」衆視之，乃夏侯淵之子夏侯楙也。楙字子休；其性最急，又最吝；自幼嗣與夏侯惇為子。後夏侯淵為黃忠所斬，曹操憐之，以女清河公主招楙為駙馬，因此朝中欽敬。雖掌兵權，未嘗臨陣。當時自請出征，曹叡即命為大都督，調關西諸路軍馬前去迎敵。司徒王朗諫曰：「不可：夏侯駙馬素不曾經戰，今付以大任，非其所宜。更兼諸葛亮足智多謀，深通韜略，不可輕敵。」夏侯楙叱曰：「司徒莫非結連諸葛亮，欲為內應耶？吾自幼從父學習韜略，深通兵法。汝何欺我年幼？吾若不生擒諸葛亮，誓不回見天子！」王朗等皆不敢言。夏侯楙辭了魏主，星夜到長安，調關西諸路軍馬二十餘萬，來敵孔明。正是：欲秉白旄麾將士，却敎黃吻掌兵權。未知勝負如何，且看下文分解。

－－－－－－

① 魘鎮－－一種害人的巫術。

② 漢高偽遊雲夢之計－－漢高祖用陳平的計策，假裝到

雲夢去遊玩，騙韓信迎接，因而抓住韓信。

③ 宮中、府中——宮中，指皇宮。府中，指丞相府。

④ 侍中、尚書、長史、參軍——都是官名。這裏：侍中，指郭攸之、費禕等；尚書，指陳震；長史，指張裔；參軍，指蔣琬。

第九十二回　趙子龍力斬五將　諸葛亮智取三城

　　却說孔明率兵前至沔陽，經過馬超墳墓，乃令其弟馬岱挂孝，孔明親自祭之。祭畢，回到寨中，商議進兵。忽哨馬報道：「魏主曹叡遣駙馬夏侯楙，調關中諸路軍馬，前來拒敵。」魏延上帳獻策曰：「夏侯楙乃膏粱子弟①，懦弱無謀。延願得精兵五千，取路出褒中，循秦嶺以東，當子午谷而投北，不過十日，可到長安。夏侯楙若聞某驟至，必然棄城望橫門邸閣而走。某却從東方而來，丞相可大驅士馬，自斜谷而進：如此行之，則咸陽以西，一舉可定也。」孔明笑曰：「此非萬全之計也：汝欺中原無好人物，倘有人進言，於山僻中以兵截殺，非惟五千人受害，亦大傷銳氣。決不可用。」魏延又曰：「丞相兵從大路進發，彼必盡起關中之兵，於路迎敵：則曠日持久，何時而得中原？」孔明曰：「吾從隴右取平坦大路，依法進兵，何憂不勝？」遂不用魏延之計。魏延怏怏不悅。孔明差人令趙雲進兵。

却說夏侯楙在長安聚集諸路軍馬。時有西涼大將韓德，善使開山大斧，有萬夫不當之勇，引西羌諸路兵八萬到來；見了夏侯楙，楙重賞之，就遣為先鋒。德有四子，皆精通武藝，弓馬過人：長子韓瑛，次子韓瑤，三子韓瓊，四子韓琪。韓德帶四子并西羌兵八萬，取路至鳳鳴山，正遇蜀兵。兩陣對圓。韓德出馬，四子列於兩邊。德厲聲大罵曰：「反國之賊，安敢犯吾境界！」趙雲大怒，挺鎗縱馬，單搦韓德交戰。長子韓瑛，躍馬來迎；戰不三合，被趙雲一鎗刺死於馬下。次子韓瑤見之，縱馬揮刀來戰。趙雲施逞舊日虎威，抖擻精神迎戰。瑤抵敵不住。三子韓瓊，急挺方天戟驟馬前來夾攻。雲全然不懼，鎗法不亂。四子韓琪，見二兄戰雲不下，也縱馬掄兩口日月刀而來，圍住趙雲。雲在中央獨戰三將。少時，韓琪中鎗落馬。韓陣中偏將急出救去。雲拖鎗便走。韓瓊按戟，急取弓箭射之：連放三箭，皆被雲用鎗撥落。瓊大怒，仍綽方天戟縱馬趕來；却被雲一箭射中面門，落馬而死。韓瑤縱馬舉寶刀便砍趙雲。雲棄鎗於地，閃過寶刀，生擒韓瑤歸陣，復縱馬取鎗殺過陣來。韓德見四子皆喪於趙雲之手，肝膽皆裂，先走入陣去。西涼兵素知趙雲之名，今見其英勇如昔，誰敢交鋒；

趙雲馬到處，陣陣倒退。趙雲匹馬單鎗，往來衝突，如入無人之境。後人有詩讚曰：

　　　　憶昔常山趙子龍，年登七十建奇功。獨誅四將來衝陣，猶似當陽救主雄。

鄧芝見趙雲大勝，率蜀兵掩殺，西涼兵大敗而走。韓德險被趙雲擒住，棄甲步行而逃。雲與鄧芝收軍回寨。芝賀曰：「將軍壽已七旬，英勇如昨。今日陣前力斬四將，世所罕有！」雲曰：「丞相以吾年邁，不肯見用，故聊以自表耳。」遂差人解韓瑤，申報捷書，以達孔明。

　　却說韓德引敗軍回見夏侯楙，哭告其事。楙自統兵來迎趙雲。探馬報入蜀寨，說夏侯楙引兵到。雲上馬綽鎗，引千餘軍，就鳳鳴山前擺成陣勢。當日夏侯楙戴金盔，坐白馬，手提大砍刀，立在門旗之下。見趙雲躍馬挺鎗，往來馳騁，楙欲自戰。韓德曰：「殺吾四子之讎，如何不報！」縱馬輪開山大斧，直取趙雲。雲奮怒挺鎗來迎；戰不三合，鎗起處，刺死韓德於馬下，急撥馬直取夏侯楙。楙慌忙閃入本陣。鄧芝驅兵掩殺，魏兵又折一陣，退十餘

里下寨。楙連夜與眾將商議曰：「吾久聞趙雲之名，未嘗見面；今日年老，英雄尚在，方信當陽長坂之事。似此無人可敵，如之奈何？」參軍程武——乃程昱之子也——進言曰：「某料趙雲有勇無謀，不足為慮。來日都督再引兵出，先伏兩軍於左右；都督臨陣先退，誘趙雲到伏兵處；都督却登山指揮四面軍馬，重疊圍住，雲可擒矣。」楙從其言，遂遣董禧引三萬軍伏於左，薛則引三萬軍伏於右：二人埋伏已定。

次日，夏侯楙復整金鼓旗旛，率兵而進。趙雲、鄧芝出迎。芝在馬上謂趙雲曰：「昨夜魏兵大敗而走，今日復來，必有詐也，老將軍防之。」子龍曰：「量此乳臭小兒，何足道哉！吾今日必當擒之！」便躍馬而出。魏將潘遂出迎，戰不三合，撥馬便走。趙雲趕去，魏陣中八員將一齊來迎。放過夏侯楙先走，八將陸續奔走。趙雲乘勢追殺，鄧芝引兵繼進。趙雲深入重地，只聽得四面喊聲大震。鄧芝急收軍退回，左有董禧，右有薛則，兩路兵殺到。鄧芝兵少，不能解救。趙雲被困在垓心，東衝西突，魏兵越厚。時雲手下止有千餘人，殺到山坡之下，只見夏侯楙在山上指揮三軍。趙雲投東則望東指，投西則望西指：因此趙雲

不能突圍－－乃引兵殺上山來。半山中擂木礮石打將下來，不能上山。趙雲從辰時殺至酉時，不能脫走，只得下馬少歇，且待月明再戰。却纔卸甲而坐，月光方出，忽四下火光沖天，鼓聲大震，矢石如雨，魏兵殺到，皆叫曰：「趙雲早降！」雲急上馬迎敵。四面軍馬漸漸逼近，八方弩箭交射甚急，人馬皆不能向前。雲仰天歎曰：「吾不服老，死於此地矣！」忽東北角上喊聲大起，魏兵紛紛亂竄：一彪軍殺到，為首大將持丈八點鋼矛，馬項下挂一顆人頭。雲視之，乃張苞也。苞見了趙雲，言曰：「丞相恐老將軍有失，特遣某引五千兵接應。聞老將軍被困，故殺透重圍。正遇魏將薛則攔路，被某殺之。」雲大喜，即與張苞殺出西北角來。只見魏兵棄戈奔走：一彪軍從外吶喊殺入，為首大將提偃月青龍刀，手挽人頭。雲視之，乃關興也。興曰：「奉丞相之命，恐老將軍有失，特引五千兵前來接應。却纔陣上逢着魏將董禧，被吾一刀斬之，梟首在此。丞相隨後便到也。」雲曰：「二將軍已建奇功，何不趁今日擒住夏侯楙，以定大事？」張苞聞言，遂引兵去了。興曰：「我也幹功去。」遂亦引兵去了。雲回顧左右曰：「他兩個是吾子姪輩，尚且爭先幹功；吾乃國家上將，朝廷舊臣，反不如此小兒耶？吾當捨老命以報先帝之恩！」於是引兵

來捉夏侯楙。當夜三路兵夾攻，大破魏軍一陣。鄧芝引兵接應，殺得屍橫遍野，血流成河。夏侯楙乃無謀之人，更兼年幼，不曾經戰；見軍大亂，遂引帳下驍將百餘人，望南安郡而走。眾軍因見無主，盡皆逃竄。興、苞二將，聞夏侯楙望南安郡去了，連夜趕來。楙走入城中，令緊閉城門，驅兵守禦。興、苞二人趕到，將城圍住；趙雲隨後也到：三面攻打。少時，鄧芝亦引兵到。一連圍了十日，攻打不下。忽報丞相留後軍住沔陽，左軍屯陽平，右軍屯石城，自引中軍來到。趙雲、鄧芝、關興、張苞皆來拜問孔明，說連日攻城不下。

孔明遂乘小車親到城邊周圍看了一遍，回寨升帳而坐。眾將環立聽令。孔明曰：「此郡壕深城峻，不易攻也。吾正事不在此城，汝等如只久攻，倘魏兵分道而出，以取漢中，吾軍危矣。」鄧芝曰：「夏侯楙乃魏之駙馬，若擒此人，勝斬百將。今困於此，豈可棄之而去？」孔明曰：「吾自有計－－此處西連天水郡，北抵安定郡：二處太守，不知何人？」探卒答曰：「天水太守馬遵，安定太守崔諒。」孔明大喜，乃喚魏延受計，如此如此；又喚關興、張苞受計，如此如此；又喚心腹軍士二人受計，如此行之。

各將領命，引兵而去。孔明却在南安城外，令軍運柴草堆於城下，口稱燒城。魏兵聞知，皆大笑不懼。

　　却說安定太守崔諒，在城中聞蜀兵圍了南安，困住夏侯楙，十分慌懼，卽點軍馬約共四千，守住城池。忽見一人自正南而來，口稱有機密事。崔諒喚入問之，答曰：「某是夏侯都督帳下心腹將裴緒。今奉都督將令，特來求救於天水、安定二郡。南安甚急，每日城上縱火為號，專望二郡救兵，並不見到；因復差某殺出重圍，來此告急，可星夜起兵為外應。都督若見二郡兵到，却開城門接應也。」諒曰：「有都督文書否？」緒貼肉取出，汗已濕透；略敎一視，急令手下換了匹馬，便出城望天水而去。不二日，又有報馬到，告天水太守已起兵救援南安去了，敎安定早早接應。崔諒與府官商議。多官曰：「若不去救，失了南安，送了夏侯駙馬，皆我兩郡之罪也：只得救之。」諒卽點起人馬，離城而去，只留文官守城。崔諒提兵向南安大路進發，遙望見火光沖天，催兵星夜前進。離南安尚有五十餘里，忽聞前後喊聲大震，哨馬報道：「前面關興

截住去路，背後張苞殺到！」安定之兵，四下逃竄。諒大驚，乃領手下百餘人，往小路死戰得脫，奔回安定。方到城壕邊，城上亂箭射下來。蜀將魏延在城上叫曰：「吾已取了城也！何不早降？」原來魏延扮作安定軍，黃夜賺開城門，蜀兵盡入：因此得了安定。

　　崔諒慌投天水郡來。行不到一程，前面一彪軍擺開。大旗之下，一人綸巾羽扇，道袍鶴氅，端坐於車上。諒視之，乃孔明也，急撥回馬走。關興、張苞兩路兵追到，只叫：「早降！」崔諒見四面皆是蜀兵，不得已遂降，同歸大寨。孔明以上賓相待。孔明曰：「南安太守與足下交厚否？」諒曰：「此人乃楊阜之族弟楊陵也；與某鄰郡，交契甚厚。」孔明曰：「今欲煩足下入城，說楊陵擒夏侯楙，可乎？」諒曰：「丞相若令某去，可暫退軍馬，容某入城說之。」孔明從其言，即時傳令，教四面軍馬各退二十里下寨。崔諒匹馬到城邊叫開城門，入到府中，與楊陵禮畢，細言其事。陵曰：「我等受魏主大恩，安忍背之？可將計就計而行。」遂引崔諒到夏侯楙處，備細說知。楙曰：「當用何計？」楊陵曰：「只推某獻城門，賺蜀兵入，却就城中殺之。」

　　崔諒依計而行，出城見孔明，說：「楊陵獻城門，放大軍入城，以擒夏侯楙。楊陵本欲自捉，因手下勇士不多，未敢輕動。」孔明曰：「此事至易：今有足下原降兵百餘人，於內暗藏蜀將扮作安定軍馬，帶入城去，先伏於夏侯楙府下；却暗約楊陵，待半夜之時，獻開城門，裏應外合。」崔諒暗思：「若不帶蜀將去，恐孔明生疑。且帶入去，就內先斬之，舉火為號，賺孔明入來殺之，可也。」因此應允。孔明囑曰：「吾遣親信關興、張苞隨足下先去，只推救軍殺入城中，以安夏侯楙之心；但舉火，吾當親入城去擒之。」時值黃昏，關興、張苞受了孔明密計，披挂上馬，各執兵器，雜在安定軍中，隨崔諒來到南安城下。楊陵在城上撐起懸空板，倚定護心欄，問曰：「何處軍馬？」崔諒曰：「安定救軍來到。」諒先射號箭上城，箭上帶着密書曰：「今諸葛亮先遣二將，伏於城中，要裏應外合；且不可驚動，恐泄漏計策。待入府中圖之。」楊陵將書見了夏侯楙，細言其事。楙曰：「旣然諸葛亮中計，可教刀斧手百餘人，伏於府中。如二將隨崔太守到府下馬，閉門斬之；却於城上舉火，賺諸葛亮入城。伏兵齊出，亮可擒矣。」安排已畢，楊陵回到城上言曰：「旣是安定軍

273

馬，可放入城。」關興跟崔諒先行，張苞在後。楊陵下城，在門邊迎接。興手起刀落，斬楊陵於馬下。崔諒大驚，急撥馬走。到弔橋邊，張苞大喝曰：「賊子休走！汝等詭計，如何瞞得丞相耶！」手起一鎗，刺崔諒於馬下。關興早到城上，舉起火來。四面蜀兵奔入。夏侯楙措手不及，開南門併力殺出。一彪軍攔住：為首大將，乃是王平；交馬只一合，生擒夏侯楙於馬上，餘皆殺死。

孔明入南安，招諭軍民，秋毫無犯。眾將各各獻功。孔明將夏侯楙囚於車中。鄧芝問曰：「丞相何故知崔諒詐也？」孔明曰：「吾已知此人無降心，故意使入城。彼必盡情告與夏侯楙，欲將計就計而行。吾見來情，足知其詐，復使二將同去，以穩其心。此人若有真心，必然阻當；彼忻然同去者，恐吾疑也。他意中度二將同去，賺入城內殺之未遲；又令吾軍有託，放心而進。吾已暗囑二將，就城門下圖之。城內必無準備，吾軍隨後便到：此出其不意也。」眾將拜服。孔明曰：「賺崔諒者，吾使心腹人詐作魏將裴緒也。吾又去賺天水郡，至今未到，不知何故。今可乘勢取之。」乃留吳懿守南安，劉琰守安定，替出魏延軍馬去取天水郡。

　　却說天水郡太守馬遵，聽知夏侯楙困在南安城中，乃聚文武官商議。功曹梁緒、主簿尹賞、主記梁虔等曰：「夏侯駙馬乃金枝玉葉，倘有疎虞，難逃坐視之罪。太守何不盡起本部兵以救之？」馬遵正疑慮間，忽然夏侯駙馬差心腹將裴緒到。緒入府，取公文付馬遵，說：「都督求安定、天水兩郡之兵，星夜救應。」言訖，匆匆而去。次日又有報馬到，稱說：「安定兵已先去了，敎太守火急前來會合。」馬遵正欲起兵，忽一人自外而入曰：「太守中諸葛亮之計矣！」衆視之，乃天水冀人也：姓姜名維，字伯約。父名冏，昔日曾為天水郡功曹，因羌人亂，沒於王事。維自幼博覽羣書，兵法武藝，無所不通；奉母至孝，郡人敬之；後為中郎將，就參本部軍事。當日姜維謂馬遵曰：「近聞諸葛亮殺敗夏侯楙，困於南安，水泄不通，安得有人自重圍之中而出？又且裴緒乃無名下將，從不曾見；況安定報馬，又無公文：以此察之，此人乃蜀將詐稱魏將。賺得太守出城，料城中無備，必然暗伏一軍於左近，乘虛而取天水也。」馬遵大悟曰：「非伯約之言，則誤中奸計

矣！」維笑曰：「太守放心：某有一計，可擒諸葛亮，解

南安之危。」正是：運籌又遇強中手，鬥智還逢意外人。

未知其計如何，且看下文分解。

－－－－－－

① 膏粱子弟－－膏，肥肉；粱，好的糧食。膏粱子弟，

指富貴人家的子弟。

第九十三回　姜伯約歸降孔明　武鄉侯罵死王朗

　　却說姜維獻計於馬遵曰：「諸葛亮必伏兵於郡後，賺我兵出城，乘虛襲我。某願請精兵三千，伏於要路。太守隨後發兵出城，不可遠去，止行三十里便回；但看火起為號，前後夾攻，可獲大勝。如諸葛亮自來，必為某所擒矣。」遵用其計，付精兵與姜維去訖，然後自與梁虔引兵出城等候；只留梁緒、尹賞守城。原來孔明果遣趙雲引一軍埋伏於山僻之中，只待天水人馬離城，便乘虛襲之。當日細作回報趙雲，說天水太守馬遵，起兵出城，只留文官守城。趙雲大喜，又令人報與張翼、高翔，教於要路截殺馬遵――此二處兵亦是孔明預先埋伏。

　　却說趙雲引五千兵，逕投天水郡城下，高叫曰：「吾乃常山趙子龍也。汝知中計，早獻城池，免遭誅戮。」城上梁緒大笑曰：「汝中吾姜伯約之計，尚然不知耶？」雲恰待攻城，忽然喊聲大震，四面火光沖天。當先一員少年將軍，挺鎗躍馬而言曰：「汝見天水姜伯約乎！」雲挺鎗直取姜維。戰不數合，維精神倍長。雲大驚，暗忖曰：

277

「誰想此處有這般人物！」正戰時，兩路軍夾攻來：乃是馬遵、梁虔引軍殺回。趙雲首尾不能相顧，衝開條路，引敗兵奔走，姜維趕來。虧得張翼、高翔兩路軍殺出，接應回去。趙雲歸見孔明，說中了敵人之計。孔明驚問曰：「此是何人，識吾玄機？」有南安人告曰：「此人姓姜，名維，字伯約，天水冀人也：事母至孝，文武雙全，智勇足備，眞當世之英傑也。」趙雲又誇獎姜維鎗法，與他人大不同。孔明曰：「吾今欲取天水，不想有此人。」遂起大軍前來。

却說姜維回見馬遵曰：「趙雲敗去，孔明必然自來。彼料我軍必在城中。今可將本部軍馬，分為四枝：某引一軍伏於城東，如彼兵到則截之。太守與梁虔、尹賞各引一軍城外埋伏。梁緒率百姓在城上守禦。」分撥已定。

却說孔明因慮姜維，自為前部，望天水郡進發。將到城邊，孔明傳令曰：「凡攻城池：以初到之日，激勵三軍，鼓譟直上。若遲延日久，銳氣盡墮，急難破矣。」於是大

軍逕到城下。因見城上旗幟整齊,未敢輕攻。候至半夜,忽然四下火光沖天,喊聲震地,正不知何處兵來。只見城上亦鼓譟吶喊相應,蜀兵亂竄。孔明急上馬,有關興,張苞二將保護,殺出重圍。回頭看時,正東上馬軍,一帶火光,勢若長蛇。孔明令關興探視,回報曰:「此姜維兵也。」孔明歎曰:「兵不在多,在人之調遣耳,此人真將才也!」收兵歸寨,思之良久,乃喚安定人問曰:「姜維之母,現在何處?」答曰:「維母今居冀縣。」孔明喚魏延分付曰:「汝可引一軍,虛張聲勢,詐取冀縣。若姜維到,可放入城。」又問:「此地何處緊要?」安定人曰:「天水錢糧,皆在上邽;若打破上邽;則糧道自絕矣。」孔明大喜,教趙雲引一軍去攻上邽。孔明離城三十里下寨。早有人報入天水郡,說蜀兵分為三路:一軍守此郡,一軍取上邽,一軍取冀城。姜維聞之,哀告馬遵曰:「維母現在冀城,恐母有失。維乞一軍往救此城,兼保老母。」馬遵從之,遂令姜維引三千軍去保冀城;梁虔引三千軍去保上邽。

却說姜維引兵至冀城,前面一彪軍擺開:為首蜀將,乃是魏延。二將交鋒數合,延詐敗奔走。維入城閉門,率

兵守護，拜見老母，並不出戰。趙雲亦放過梁虔入上邽城
去了。孔明乃令人去南安郡，取夏侯楙至帳下。孔明曰：
「汝懼死乎？」楙慌拜伏乞命。孔明曰：「目今天水姜維
現守冀州，使人持書來說：『但得駙馬在，我願來降。』
吾今饒汝性命，汝肯招安姜維否？」楙曰：「情願招安。」
孔明乃與衣服鞍馬，不令人跟隨，放之自去。楙得脫出寨，
欲尋路而走，奈不知路徑。正行之間，逢數人奔走。楙問
之，答曰：「我等是冀縣百姓；今被姜維獻了城池，歸降
諸葛亮，蜀將魏延縱火劫財，我等因此棄家而走，投上邽
去也。」楙又問曰：「今守天水城是誰？」土人曰：「天
水城中乃馬太守也。」楙聞之，縱馬望天水而行。又見百
姓攜男抱女而來，所說皆同。楙至天水城下叫門，城上人
認得是夏侯楙，慌忙開門迎接。馬遵驚拜問之。楙細言姜
維之事；又將百姓所言說了。遵歎曰：「不想姜維反投蜀
矣！」梁緒曰：「彼意欲救都督，故以此言虛降。」楙曰：
「今維已降，何為虛也？」正躊躇間，時已初更，蜀兵又
來攻城。火光中見姜維在城下挺鎗勒馬，大叫曰：「請夏
侯都督答話！」夏侯楙與馬遵等皆到城上；見姜維耀武揚
威，大叫曰：「我為都督而降，都督何背前言？」楙曰：
「汝受魏恩，何故降蜀？有何前言耶？」維應曰：「汝寫

書教我降蜀，何出此言？汝欲脫身，却將我陷了！我今降蜀，加為上將，安有還魏之理？」言訖，驅兵打城，至曉方退：原來夜間假妝姜維者，乃孔明之計，令部卒形貌相似者，假扮姜維攻城，因火光之中，不辨真偽。

　　孔明却引兵來攻冀城。城中糧少，軍食不敷。姜維在城上，見蜀軍大車小輛，搬運糧草，入魏延寨中去了。維引三千兵出城，逕來劫糧。蜀兵盡棄了糧車，尋路而走。姜維奪得糧車，欲要入城，忽然一彪軍攔住：為首蜀將張翼也。二將交鋒，戰不數合，王平引一軍又到，兩下夾攻。維力窮抵敵不住，奪路歸城；城上早插蜀兵旗號：原來已被魏延襲了。維殺條路奔天水城，手下尚有十餘騎；又遇張苞殺了一陣，維止剩得匹馬單鎗，來到天水城下叫門。城上軍見是姜維，慌報馬遵。遵曰：「此是姜維來賺我城門也。」令城上亂箭射下。姜維回顧蜀兵至近，遂飛奔上邽城來。城上梁虔見了姜維，大罵曰：「反國之賊，安敢來賺我城池！吾已知汝降蜀矣！」遂亂箭射下。姜維不能分說，仰天長歎，兩眼淚流，撥馬望長安而走。行不數里，前至一派大樹茂林之處，一聲喊起，數千兵擁出：為首蜀將關興，截住去路。維人困馬乏，不能抵當，勒回馬便走。

忽然一輛小車從山坡中轉出。其人頭戴綸巾，身披鶴氅，手搖羽扇：乃孔明也。孔明喚姜維曰：「伯約此時何尚不降？」維尋思良久，前有孔明，後有關興，又無去路，只得下馬投降。孔明慌忙下車而迎，執維手曰：「吾自出茅廬以來，遍求賢者，欲傳授平生之學，恨未得其人。今遇伯約，吾願足矣。」維大喜拜謝。

孔明遂同姜維回寨，升帳商議取天水、上邽之計。維曰：「天水城中尹賞、梁緒，與某至厚；當寫密書二封，射入城中，使其內亂，城可得矣。」孔明從之。姜維寫了二封密書，拴在箭上，縱馬直至城下，射入城中。小校拾得，呈與馬遵。遵大疑，與夏侯楙商議曰：「梁緒、尹賞與姜維結連，欲為內應，都督宜早決之。」楙曰：「可殺二人。」尹賞知此消息，乃謂梁緒曰：「不如納城降蜀，以圖進用。」是夜，夏侯楙數次使人請梁、尹二人說話。二人料知事急，遂披挂上馬，各執兵器，引本部軍大開城門，放蜀兵入。夏侯楙、馬遵驚慌，引數百人出西門，棄城投羌胡城而去。梁緒、尹賞迎接孔明入城。安民已畢，孔明問取上邽之計。梁緒曰：「此城乃某親弟梁虔守之，願招來降。」孔明大喜。緒當日到上邽喚梁虔出城來降。

孔明重加賞勞，就令梁緒為天水太守，尹賞為冀城令，梁虔為上邽令。孔明分撥已畢，整兵進發。諸將問曰：「丞相何不去擒夏侯楙？」孔明曰：「吾放夏侯楙，如放一鴨耳。今得伯約，得一鳳也。」

孔明自得三城之後，威聲大震，遠近州郡，望風歸降。孔明整頓軍馬，盡提漢中之兵，前出祁山，兵臨渭水之西。細作報入洛陽。

時魏主曹叡太和元年，升殿設朝。近臣奏曰：「夏侯駙馬已失三郡，逃竄羌中去了。今蜀兵已到祁山，前軍臨渭水之西，乞早發兵破敵。」叡大驚，乃問羣臣曰：「誰可為朕退蜀兵耶？」司徒王朗出班奏曰：「臣觀先帝每用大將軍曹真，所到必克；今陛下何不拜為大都督，以退蜀兵？」叡准奏，乃宣曹真曰：「先帝託孤與卿，今蜀兵入寇中原，卿安忍坐視乎？」真奏曰：「臣才疏智淺，不稱其職。」王朗曰：「將軍乃社稷之臣，不可固辭。老臣雖駑鈍①，願隨將軍一往。」真又奏曰：「臣受大恩，安敢

283

推辭？但乞一人為副將。」叡曰：「卿自舉之。」眞乃保
太原陽曲人：姓郭，名淮，字伯濟，官封射亭侯，領雍州
刺史。叡從之，遂拜曹眞為大都督，賜節鉞；命郭淮為副
都督，王朗為軍師；朗時年已七十六歲矣。選撥東西二京
軍馬二十萬與曹眞。眞命宗弟曹遵為先鋒，又命盪寇將軍
朱讚為副先鋒。時年十一月出師，魏主曹叡親自送出西門
之外方回。

　　曹眞領大軍來到長安，過渭河之西下寨。眞與王朗、
郭淮共議退兵之策。朗曰：「來日可嚴整隊伍，大展旌旗。
老夫自出，只用一席話，管敎諸葛亮拱手而降，蜀兵不戰
自退。」眞大喜，是夜傳令：來日四更造飯，平明務要隊
伍整齊，人馬威儀，旌旗鼓角，各按次序。當時使人先下
戰書。次日，兩軍相迎，列成陣勢於祁山之前。蜀軍見魏
兵甚是雄壯，與夏侯楙大不相同。

　　三軍鼓角已罷，司徒王朗乘馬而出。上首乃都督曹眞，
下首乃副都督郭淮：兩個先鋒壓住陣角。探子馬出軍前，
大叫曰：「請對陣主將答話！」只見蜀兵門旗開處，關興、
張苞，分左右而出，立馬於兩邊；次後一隊隊驍將分列；

門旗影下，中央一輛四輪車，孔明端坐車中，綸巾羽扇，素衣皂縧，飄然而出。孔明舉目見魏陣前三個麾蓋，旗上大書姓名：中央白髯老者，乃軍師司徒王朗。孔明暗忖曰：「王朗必下說詞，吾當隨機應之。」遂敎推車出陣外，令護軍小校傳曰：「漢丞相與司徒會話。」王朗縱馬而出。孔明於車上拱手，朗在馬上欠身答禮。朗曰：「久聞公之大名，今幸一會。公旣知天命、識時務，何故興無名之兵？」孔明曰：「吾奉詔討賊，何謂無名？」朗曰：「天數有變，神器②更易，而歸有德之人，此自然之理也。曩自桓、靈以來，黃巾倡亂，天下爭橫。降至初平、建安之歲，董卓造逆，催、汜繼虐；袁術僭號於壽春，袁紹稱雄於鄴上；劉表占據荊州，呂布虎吞徐郡：盜賊蜂起，奸雄鷹揚，社稷有累卵之危，生靈有倒懸之急。我太祖武皇帝，掃清六合，席捲八荒；萬姓傾心，四方迎德：非以權勢取之，實天命所歸也。世祖文帝，神文聖武，以膺大統，應天合人，法堯禪舜，處中國以臨萬邦：豈非天心人意乎？今公蘊大才、抱大器，自欲比於管、樂，何乃強欲逆天理、背人情而行事耶？豈不聞古人云：『順天者昌，逆天者亡。』今我大魏帶甲百萬，良將千員。諒腐草之螢光，怎及天心之皓月？公可倒戈卸甲，以禮來降，不失封侯之位。

國安民樂，豈不美哉！」

孔明在車上大笑曰：「吾以為漢朝大老元臣，必有高論，豈期出此鄙言！吾有一言，諸軍靜聽：昔桓、靈之世，漢統陵替，宦官釀禍；國亂歲凶，四方擾攘。黃巾之後，董卓、傕、汜等接踵而起，遷劫漢帝，殘暴生靈。因廟堂之上，朽木為官；殿陛之間，禽獸食祿。狼心狗行之輩，滾滾③當朝；奴顏婢膝之徒，紛紛秉政。以致社稷丘墟，蒼生塗炭。吾素知汝所行：世居東海之濱，初舉孝廉入仕。理合匡君輔國，安漢興劉；何期反助逆賊，同謀篡位！罪惡深重，天地不容！天下之人，願食汝肉！今幸天意不絕炎漢，昭烈皇帝繼統西川。吾今奉嗣君之旨，興師討賊。汝既為諂諛之臣，只可潛身縮首，苟圖衣食；安敢在行伍之前，妄稱天數耶！皓首匹夫！蒼髯老賊！汝即日將歸於九泉之下，何面目見二十四帝乎！老賊速退！可叫反臣與吾共決勝負！」

王朗聽罷，氣滿胸膛，大叫一聲，撞死於馬下。後人有詩讚孔明曰：

286

兵馬出西秦，雄才敵萬人。輕搖三寸舌，罵死老奸臣。

孔明以扇指曹真曰：「吾不逼汝。汝可整頓軍馬，來日決戰。」言訖回車。於是兩軍皆退。曹真將王朗屍首，用棺木盛貯，送回長安去了。副都督郭淮曰：「諸葛亮料吾軍中治喪，今夜必來劫寨。可分兵四路：兩路兵從山僻小路，乘虛去劫蜀寨；兩路兵伏於本寨外，左右擊之。」曹真大喜曰：「此計與吾相合。」遂傳令喚曹遵、朱讚兩個先鋒分付曰：「汝二人各引一萬軍，抄出祁山之後。但見蜀兵望吾寨而來，汝可進兵去劫蜀寨。如蜀兵不動，便撤兵回，不可輕進。」二人受計，引兵而去。真謂淮曰：「我兩個各引一枝軍，伏於寨外，寨中虛堆柴草，只留數人。如蜀兵到，放火為號。」諸將皆分左右，各自準備去了。

却說孔明歸帳，先喚趙雲、魏延聽令。孔明曰：「汝二人各引本部軍去劫魏寨。」魏延進曰：「曹真深明兵法，必料我乘喪劫寨。他豈不隄防？」孔明笑曰：「吾正欲曹真知吾去劫寨也。彼必伏兵在祁山之後，待我兵過去，却

來襲我寨；吾故令汝二人，引兵前去，過山腳後路，遠下營寨，任魏兵來劫吾寨。汝看火起為號，分兵兩路：文長拒住山口，子龍引兵殺回，必遇魏兵，却放彼走回，汝乘勢攻之，彼必自相掩殺：可獲全勝。」二將引兵受計而去。又喚關興、張苞分付曰：「汝二人各引一軍，伏於祁山要路；放過魏兵，却從魏兵來路，殺奔魏寨而去。」二人引兵受計去了。又令馬岱、王平、張翼、張嶷四將，伏於寨外，四面迎擊魏兵。孔明乃虛立寨柵，居中堆起柴草，以備火號；自引諸將退於寨後，以觀動靜。

却說魏先鋒曹遵、朱讚黃昏離寨，迤邐前進。二更左側，遙望山前隱隱有軍行動。曹遵自思曰：「郭都督真神機妙算！」遂催兵急進。到蜀寨時，將及三更。曹遵先殺入寨，却是空寨，並無一人。料知中計，急撤軍回，寨中火起。朱讚兵到，自相掩殺，人馬大亂。曹遵與朱讚交馬，方知自相踐踏。急合兵時，忽四面喊聲大震，王平、馬岱、張嶷、張翼殺到。曹、朱二人引心腹軍百餘騎，望大路奔走。忽然鼓角齊鳴，一彪軍截住去路：為首大將乃常山趙子龍也，大叫曰：「賊將那裏去！早早受死！」曹、朱二人奪路而走。忽喊聲又起，魏延又引一彪軍殺到。曹、朱

二人大敗，奪路奔回本寨。守寨軍士，只道蜀兵來劫寨，慌忙放起號火。左邊曹真殺至，右邊郭淮殺至，自相掩殺。背後三路蜀兵殺到：中央魏延，左邊關興，右邊張苞，大殺一陣。魏兵敗走十餘里，魏將死者極多。孔明全獲大勝，方始收兵。曹真、郭淮收拾敗軍回寨，商議曰：「今魏兵勢孤，蜀兵勢大，將何策以退之？」淮曰：「勝負乃兵家常事，不足為憂。某有一計，使蜀兵首尾不能相顧，定然自走矣。」正是：可憐魏將難成事，欲向西方索救兵。未知其計如何，且看下文分解。

－－－－－－

① 駑鈍－－駑，最壞的馬；鈍，不鋒利的刀。駑鈍，借喻人的能力低劣。

② 神器－－指帝位。

③ 滾滾－－繼續、繁多的意思。

第九十四回　諸葛亮乘雪破羌兵　司馬懿尅日擒孟達

　　却說郭淮謂曹眞曰：「西羌之人，自太祖時連年入貢，文皇帝亦有恩惠加之；我等今可據住險阻，遣人從小路直入羌中求救，許以和親，羌人必起兵襲蜀之後。吾却以大兵擊之，首尾夾攻，豈不大勝？」眞從之，卽遣人星夜馳書赴羌。

　　却說西羌國王徹里吉，自曹操時年年入貢；手下有一文一武：文乃雅丹丞相，武乃越吉元帥。時魏使齎金珠并書到國，先來見雅丹丞相；送了禮物，具言求救之意。雅丹引見國王，呈上書禮。徹里吉覽了書，與衆商議。雅丹曰：「我與魏國素相往來，今曹都督求救，且許和親，理合依允。」徹里吉從其言，卽命雅丹與越吉元帥起羌兵一十五萬，皆慣使弓弩、鎗刀、蒺藜、飛鎚等器；又有戰車，用鐵葉裹釘，裝載糧食軍器什物：或用駱駝駕車，或用騾馬駕車，號為「鐵車兵」。二人辭了國王，領兵直扣西平關。守關蜀將韓禎，急差人齎文報知孔明。

　　孔明聞報，問眾將曰：「誰敢去退羌兵？」張苞、關興應曰：「某等願往。」孔明曰：「汝二人要去，奈路途不熟。」遂喚馬岱曰：「汝素知羌人之性，久居彼處，可作鄉導。」便起精兵五萬，與興、苞二人同往。興、苞等引兵而去。行有數日，早遇羌兵。關興先引百餘騎登山坡看時，只見羌兵把鐵車首尾相連，隨處結寨；車上遍排兵器，就似城池一般。興睹之良久，無破敵之策，回寨與張苞、馬岱商議。岱曰：「且待來日見陣，觀看虛實，另作計議。」次早，分兵三路：關興在中，張苞在左，馬岱在右，三路兵齊進。羌兵陣裏，越吉元帥手挽鐵鎚，腰懸寶雕弓，躍馬奮勇而出。關興招三路兵逕進。忽見羌兵在兩邊，中央放出鐵車，如潮湧一般，弓弩一齊驟發。蜀兵大敗：馬岱、張苞兩軍先退；關興一軍，被羌兵一裹，直圍入西北角上去了。

　　興在垓心，左衝右突，不能得脫；鐵車密圍，就如城池。蜀兵你我不能相顧。興望山谷中尋路而走。看看天晚，但見一簇皂旗，蠭擁而來：一員羌將，手提鐵鎚大叫曰：「小將休走！吾乃越吉元帥也！」關興急走到前面，儘力縱馬加鞭，正遇斷澗，只得回馬來戰越吉。興終是膽寒，

抵敵不住，望澗中而逃；被越吉趕到，一鐵鎚打來，興急
閃過，正中馬胯。那馬望澗中便倒，興落於水中。忽聽得
一聲響處，背後越吉連人帶馬，平白地倒下水來。興就水
中掙起看時，只見岸上一員大將，殺退羌兵。興提刀待砍
越吉，吉躍水而走。關興得了越吉馬，牽到岸上，整頓鞍
轡，綽刀上馬。只見那員將，尚在前面追殺羌兵。興自思
此人救我性命，當與相見，遂拍馬趕來。看看至近，只見
雲霧之中，隱隱有一大將，面如重棗，眉若臥蠶，綠袍金
鎧，提青龍刀，騎赤兔馬，手綽美髯：分明認得是父親關
公。興大驚。忽見關公以手望東南指曰：「吾兒可速望此
路去。吾當護汝歸寨。」言訖不見。關興望東南急走。至
半夜，忽一彪軍到：乃張苞也，問興曰：「你曾見二伯父
否？」興曰：「你何由知之？」苞曰：「我被鐵車軍追急，
忽見伯父自空而下，驚退羌兵，指曰：『汝從這條路去救
吾兒。』因此引軍逕來尋你。」關興亦說前事，共相嗟異。
二人同歸寨內。馬岱接着，對二人說：「此軍無計可退。
我守住寨柵，你二人去稟丞相，用計破之。」於是興、苞
二人，星夜來見孔明，備說此事。

　　孔明隨命趙雲、魏延各引一軍埋伏去訖；然後點三萬

軍，帶了姜維、張翼、關興、張苞，親自來到馬岱寨中歇定。次日上高阜處觀看，見鐵車連絡不絕，人馬縱橫，往來馳驟。孔明曰：「此不難破也。」喚馬岱、張翼分付如此如此。二人去了，乃喚姜維曰：「伯約知破車之法否？」維曰：「羌人惟恃一勇力，豈知妙計乎？」孔明笑曰：「汝知吾心也。今彤雲密布，朔風緊急，天將降雪，吾計可施矣。」便令關興、張苞二人引兵埋伏去訖；令姜維領兵出戰：但有鐵車兵來，退後便走；寨口虛立旌旗，不設軍馬：準備已定。

是時十二月終，果然天降大雪。姜維引軍出，越吉引鐵車兵來。姜維卽退走。羌兵趕到寨前，姜維從寨後而去。羌兵直到寨外觀看，聽得寨內鼓琴之聲，四壁皆空豎旌旗，急回報越吉。越吉心疑，未敢輕進。雅丹丞相曰：「此諸葛亮詭計，虛設疑兵耳。可以攻之。」越吉引兵至寨前，但見孔明攜琴上車，引數騎入寨，望後而走。羌兵搶入寨柵，直趕過山口，見小車隱隱轉入林中去了。雅丹謂越吉曰：「這等兵雖有埋伏，不足為懼。」遂引大兵追趕。又見姜維兵俱在雪地之中奔走。越吉大怒，催兵急追。山路被雪漫蓋，一望平坦。正趕之間，忽報蜀兵自山後而出。

雅丹曰：「縱有此小伏兵，何足懼哉！」只顧催趲兵馬，往前進發。忽然一聲響，如山崩地陷，羌兵俱落於坑塹之中；背後鐵車正行得緊溜，急難收止，併擁而來，自相踐踏。後兵急要回時，左邊關興，右邊張苞，兩軍衝出，萬弩齊發；背後姜維、馬岱、張翼三路兵又殺到。鐵車兵大亂。越吉元帥望後面山谷間而逃，正逢關興；交馬只一合，被興舉刀大喝一聲，砍死於馬下。雅丹丞相早被馬岱活捉，解投大寨來。羌兵四散逃竄。孔明升帳，馬岱押過雅丹來。孔明叱武士去其縛，賜酒壓驚，用好言撫慰。雅丹深感其德。孔明曰：「吾主乃大漢皇帝，今命吾討賊，爾如何反助逆？吾今放汝回去，說與汝主：吾國與爾乃鄰邦，永結盟好，勿聽反賊之言。」遂將所獲羌兵及車馬器械，盡給還雅丹，俱放回國。眾皆拜謝而去。孔明引三軍連夜投祁山大寨而來，命關興、張苞引軍先行；一面差人齎表奏報捷音。

却說曹真連日望羌人消息，忽有伏路軍來報說：「蜀兵拔寨收拾起程。」郭淮大喜曰：「此因羌兵攻擊，故爾

退去。」遂分兩路追趕。前面蜀兵亂走，魏兵隨後追趕。先鋒曹遵正趕之間，忽然鼓聲大震，一彪軍閃出：為首大將乃魏延也，大叫：「反賊休走！」曹遵大驚，拍馬交鋒；不三合，被魏延一刀斬於馬下。副先鋒朱讚引兵追趕，忽然一彪軍閃出：為首大將乃趙雲也。朱讚措手不及，被雲一鎗刺死。曹真、郭淮見兩路先鋒有失，欲收兵回；背後喊聲大震，鼓角齊鳴：關興、張苞兩路兵殺出，圍了曹真、郭淮，痛殺一陣。曹、郭二人，引敗兵衝路走脫。蜀兵全勝，直追到渭水，奪了魏寨。曹真折了兩個先鋒，哀傷不已；只得寫本申朝，乞撥援兵。

　　却說魏主曹叡設朝，近臣奏曰：「大都督曹真，數敗於蜀，折了兩個先鋒，羌兵又折了無數，其勢甚急。今上表求救，請陛下裁處。」叡大驚，急問退軍之策。華歆奏曰：「須是陛下御駕親征，大會諸侯，人皆用命，方可退也。不然，長安有失，關中危矣。」太傅鍾繇奏曰：「凡為將者，知過於人，則能制人。孫子云：『知彼知己，百戰百勝。』臣量曹真雖久用兵，非諸葛亮對手。臣以全家良賤保舉一人，可退蜀兵。未知聖意准否？」叡曰：「卿乃大老元臣；有何賢士，可退蜀兵，早召來與朕分憂。」

鍾繇奏曰：「向者，諸葛亮欲興師犯境，但懼此人，故散流言，使陛下疑而去之，方敢長驅大進。今若復用之，則亮自退矣。」叡問何人。繇曰：「驃騎大將軍司馬懿也。」叡歎曰：「此事朕亦悔之。今仲達現在何地？」繇曰：「近聞仲達在宛城閒住。」叡即降詔，遣使持節，復司馬懿官職，加為平西都督，就起南陽諸路軍馬，前赴長安。叡御駕親征，令司馬懿尅日到彼聚會。使命星夜到宛城去了。

却說孔明自出師以來，累獲全勝，心中甚喜；正在祁山寨中，會聚議事，忽報鎮守永安宮李嚴令子李豐來見。孔明只道東吳犯境，心甚驚疑，喚入帳中問之。豐曰：「特來報喜。」孔明曰：「有何喜？」豐曰：「昔日孟達降魏，乃不得已也。彼時曹丕愛其才，時以駿馬金珠賜之，曾同輦出入，封為散騎常侍，領新城太守，鎮守上庸、金城等處，委以西南之任。自丕死後，曹叡即位，朝中多人嫉妒，孟達日夜不安，常謂諸將曰：『我本蜀將，勢逼於此。』今累差心腹人，持書來見家父，教早晚代稟丞相：

前者五路下川之時，曾有此意；今在新城，聽知丞相伐魏，欲起金城、新城、上庸三處軍馬，就彼舉事，逕取洛陽；丞相取長安，兩京大定矣。今某引來人并累次書信呈上。」孔明大喜，厚賞李豐等。忽細作人報說：「魏主曹叡，一面駕幸長安；一面詔司馬懿復職，加為平西都督，起本處之兵，於長安聚會。」孔明大驚。參軍馬謖曰：「量曹叡何足道！若來長安，可就而擒之。丞相何故驚訝？」孔明曰：「吾豈懼曹叡耶？所患者惟司馬懿一人而已。今孟達欲舉大事，若遇司馬懿，事必敗矣。達非司馬懿對手，必被所擒。孟達若死，中原不易得也。」馬謖曰：「何不急修書，令孟達隄防？」孔明從之，即修書令來人星夜回報孟達。

却說孟達在新城，專望心腹人回報。一日，心腹人到來，將孔明回書呈上。孟達拆封視之。書略曰：

近得書，足知公忠義之心，不忘故舊，吾甚喜慰。若成大事，則公漢朝中興第一功臣也。然極宜謹密，不可輕易託人。慎之！戒之！近聞曹叡復詔司馬懿起宛、洛之兵，若聞公舉事，必先至矣。須萬全隄備，勿視為等閒也。

　　孟達覽畢，笑曰：「人言孔明心多，今觀此事可知矣。」乃具回書，令心腹人來答孔明。孔明喚入帳中。其人呈上回書。孔明拆封視之。書曰：

　　　適承鈞教，安敢少怠？竊謂司馬懿之事，不必懼也：宛城離洛陽約八百里，至新城一千二百里。若司馬懿聞達舉事，須表奏魏主：往復一月間事，達城池已固，諸將與三軍皆在深險之地。司馬懿即來，達何懼哉？丞相寬懷，惟聽捷報。

　　孔明看畢，擲書於地而頓足曰：「孟達必死於司馬懿之手矣！」馬謖問曰：「丞相何謂也？」孔明曰：「兵法云：『攻其不備，出其不意。』豈容料在一月之期？曹叡既委任司馬懿，逢寇即除，何待奏聞？若知孟達反，不須十日，兵必到矣，安能措手耶？」眾將皆服。孔明急令來人回報曰：「若未舉事，切莫教同事者知之：知則必敗。」其人拜辭，歸新城去了。

　　却說司馬懿在宛城閒住，聞知魏兵累敗於蜀，乃仰天長歎。懿長子司馬師，字子元；次子司馬昭，字子尚：二人素有大志，通曉兵書。當日侍立於側，見懿長歎，乃問曰：「父親何為長歎？」懿曰：「汝輩豈知大事耶？」司馬師曰：「莫非歎魏主不用乎？」司馬昭笑曰：「早晚必來宣召父親也。」言未已，忽報天使持節至。懿聽詔畢，遂調宛城諸路軍馬。忽又報金城太守申儀家人，有機密事求見。懿喚入密室問之。其人細說孟達欲反之事。更有孟達心腹人李輔并達外甥鄧賢，隨狀出首。司馬懿聽畢，以手加額曰：「此乃皇上齊天之洪福也！諸葛亮兵在祁山，殺得內外人皆膽落；今天子不得已而幸長安，若旦夕不用吾時，孟達一舉，兩京休矣！此賊必通謀諸葛亮：吾先破之，諸葛亮定然心寒，自退兵也。」長子司馬師曰：「父親可急寫表申奏天子。」懿曰：「若等聖旨，往復一月之間，事無及矣。」即傳令教人馬起程，一日要行兩日之路，如遲立斬；一面令參軍梁畿齎檄星夜去新城，教孟達等準備征進，使其不疑。梁畿先行，懿在後發兵。行了二日，山坡下轉出一軍，乃是右將軍徐晃，晃下馬見懿，說：「天子駕到長安，親拒蜀兵，今都督何往？」懿低言曰：

「今孟達造反，吾去擒之耳。」晃曰：「某願為先鋒。」
懿大喜，合兵一處。徐晃為前部，懿在中軍，二子押後。
又行了二日，前軍哨馬捉住孟達心腹人，搜出孔明回書，
來見司馬懿。懿曰：「吾不殺汝。汝從頭細說。」其人只
得將孔明、孟達往復之事，一一告說。懿看了孔明回書，
大驚曰：「世間能者所見皆同。吾機先被孔明識破。幸得
天子有福，獲此消息：孟達今無能為矣。」遂星夜催軍前
行。

　　却說孟達在新城，約下金城太守申儀、上庸太守申耽，
尅日舉事。耽、儀二人佯許之，每日調練軍馬，只待魏兵
到，便為內應；却對孟達說軍器糧草，俱未完備，不敢約
期起事。達信之不疑。忽報參軍梁畿來到，孟達迎入城中。
畿傳司馬懿將令曰：「司馬都督今奉天子詔，起諸路軍以
退蜀兵。太守可集本部軍馬聽候調遣。」達問曰：「都督
何日起程？」畿曰：「此時約離宛城，望長安去了。」達
暗喜曰：「吾大事成矣！」遂設宴待了梁畿，送出城外，
卽報申耽、申儀知道，明日舉事，換上大漢旗號，發諸路
軍馬，逕取洛陽。忽報城外塵土沖天，不知何處兵來。孟
達登城視之，只見一彪軍，打着「右將軍徐晃」旗號，飛

奔城下。達大驚，急扯起弔橋。徐晃坐下馬收拾不住，直來到壕邊，高叫曰：「反賊孟達：早早受降！」達大怒，急開弓射之，正中徐晃頭額，魏將救去。城上亂箭射下，魏兵方退。孟達恰待開門追趕，四面旌旗蔽日，司馬懿兵到。達仰天長歎曰：「果不出孔明所料也！」於是閉門堅守。

却說徐晃被孟達射中頭額，眾軍救到寨中，取了箭頭，令醫調治；當晚身死，時年五十九歲。司馬懿令人扶柩還洛陽安葬。次日，孟達登城遍視，只見魏兵四面圍得鐵桶相似。達行坐不安，驚疑未定，忽見兩路兵自外殺來，旗上大書「申耽」、「申儀」。孟達只道是救軍到，忙引本部兵大開城門殺出。耽、儀大叫曰：「反賊休走！早早受死！」達見事變，撥馬望城中便走，城上亂箭射下。李輔、鄧賢二人在城上大罵曰：「吾等已獻了城也！」達奪路而走，申耽趕來。達人困馬乏，措手不及，被申耽一鎗刺於馬下，梟其首級。餘軍皆降。李輔、鄧賢大開城門，迎接司馬懿入城。撫民勞軍已畢，遂遣人奏知魏主曹叡。叡大喜，教將孟達首級去洛陽城市示眾；加申耽、申儀官職，就隨司馬懿征進；命李輔、鄧賢守新城、上庸。

　　却說司馬懿引兵到長安城外下寨。懿入城來見魏主。叡大喜曰：「朕一時不明，誤中反間之計，悔之無及！今達造反，非卿等制之，兩京休矣。」懿奏曰：「臣聞申儀密告反情，意欲表奏陛下，恐往復遲滯，故不待聖旨，星夜而去。若待奏聞，則中諸葛亮之計也。」言罷，將孔明回孟達密書奉上。叡看畢，大喜曰：「卿之學識，過於孫、吳矣！」賜金鉞斧一對，後遇機密重事，不必奏聞，便宜行事。就令司馬懿出關破蜀。懿奏曰：「臣舉一大將，可為先鋒。」叡曰：「卿舉何人？」懿曰：「右將軍張郃，可當此任。」叡笑曰：「朕正欲用之。」遂命張郃為前部先鋒，隨司馬懿離長安來破蜀兵。正是：既有謀臣能用智，又求猛將助施威。未知勝負如何，且看下文分解。

書名：三國演義 第四卷

ＩＳＢＮ：978-1548906375

作者：李善基

封面設計：C.S. Creative Design

出版日期：2017 / 04 / 01

建議售價：US$ 17.99 / CDN$ 19.71

出版：C.S. Publish

Made in the USA
Monee, IL
30 May 2021